心一堂術數古籍珍本叢刊

書名：蔣大鴻嫡傳三元地理秘書十一種批注
系列：心一堂術數古籍珍本叢刊 堪輿類 蔣徒張仲馨三元真傳系列 第二輯 177
作者：【清】蔣大鴻原著、【清】汪云吾、劉樂山註
主編、責任編輯：陳劍聰
心一堂術數古籍珍本叢刊編校小組：陳劍聰 素聞 梁松盛 鄒偉才 虛白盧主

出版：心一堂有限公司
通訊地址：香港九龍旺角彌敦道六一〇號荷李活商業中心十八樓〇五—〇六室
深港讀者服務中心·中國深圳市羅湖區立新路六號羅湖商業大厦負一層〇〇八室
電話號碼：(852)67150840
網址：publish.sunyata.cc
電郵：sunyatabook@gmail.com
網店：http://book.sunyata.cc
淘寶店地址：https://shop210782774.taobao.com
微店地址：https://weidian.com/s/1212826297
臉書：https://www.facebook.com/sunyatabook
讀者論壇：http://bbs.sunyata.cc/

版次：二零一六年十二月初版
平裝

定價：港幣　三百八十元正
　　　人民幣　三百八十元正
　　　新台幣　一千五百八十元正

國際書號：ISBN 978-988-8317-45-5

香港發行：香港聯合書刊物流有限公司
地址：香港新界大埔汀麗路36號中華商務印刷大廈3樓
電話號碼：(852)2150-2100
傳真號碼：(852)2407-3062
電郵：info@suplogistics.com.hk

台灣發行：秀威資訊科技股份有限公司
地址：台灣台北市內湖區瑞光路七十六巷六十五號一樓
電話號碼：+886-2-2796-3638
傳真號碼：+886-2-2796-1377
網絡書店：www.bodbooks.com.tw
台灣國家書店讀者服務中心：
地址：台灣台北市中山區松江路二〇九號一樓
電話號碼：+886-2-2518-0207
傳真號碼：+886-2-2518-0778
網絡書店：http://www.govbooks.com.tw

中國大陸發行　零售：深圳心一堂文化傳播有限公司
深圳地址：深圳市羅湖區立新路六號羅湖商業大厦負一層〇〇八室
電話號碼：(86)0755-82224934

心一堂微店二維碼

心一堂淘寶店二維碼

心一堂術數古籍 珍本 整理 叢刊 總序

術數定義

術數，大概可謂以「推算（推演）、預測人（個人、群體、國家等）、事、物、自然現象、時間、空間方位等規律及氣數，並或通過種種『方術』，從而達致趨吉避凶或某種特定目的」之知識體系和方法。

術數類別

我國術數的內容類別，歷代不盡相同，例如《漢書・藝文志》中載，漢代術數有六類：天文、曆譜、五行、蓍龜、雜占、形法。至清代《四庫全書》，術數類則有：數學、占候、相宅相墓、占卜、命書、相書、陰陽五行、雜技術等，其他如《後漢書・方術部》、《藝文類聚・方術部》、《太平御覽・方術部》等，對於術數的分類，皆有差異。古代多把天文、曆譜、及部分數學均歸入術數類，而民間流行亦視傳統醫學作為術數的一環；此外，有些術數與宗教中的方術亦往往難以分開。現代民間則常將各種術數歸納為五大類別：命、卜、相、醫、山，通稱「五術」。

本叢刊在《四庫全書》的分類基礎上，將術數分為九大類別：占筮、星命、相術、堪輿、選擇、三式、讖諱、理數（陰陽五行）、雜術（其他）。而未收天文、曆譜、算術、宗教方術、醫學。

術數思想與發展——從術到學，乃至合道

我國術數是由上古的占星、卜筮、形法等術發展下來的。其中卜筮之術，是歷經夏商周三代而通過「龜卜、蓍筮」得出卜（筮）辭的一種預測（吉凶成敗）術，之後歸納並結集成書，此即現傳之《易

經》。經過春秋戰國至秦漢之際，受到當時諸子百家的影響、儒家的推祟，遂有《易傳》等的出現，原本是卜筮術書的《易經》，被提升及解讀成有包涵「天地之道（理）」之學。因此，《易・繫辭傳》曰：「易與天地準，故能彌綸天地之道。」

漢代以後，易學中的陰陽學說，與五行、九宮、干支、氣運、災變、律曆、卦氣、讖緯、天人感應說等相結合，形成易學中象數系統。而其他原與《易經》本來沒有關係的術數，如占星、形法、選擇，亦漸漸以易理（象數學說）為依歸。《四庫全書・易類小序》云：「術數之興，多在秦漢以後。要其旨，不出乎陰陽五行，生尅制化。實皆《易》之支派，傅以雜說耳。」至此，術數可謂已由「術」發展成「學」。

及至宋代，術數理論與理學中的河圖洛書、太極圖、邵雍先天之學及皇極經世等學說給合，通過術數以演繹理學中「天地中有一太極，萬物中各有一太極」（《朱子語類》）的思想。術數理論不單已發展至十分成熟，而且也從其學理中衍生一些新的方法或理論，如《梅花易數》、《河洛理數》等。

在傳統上，術數功能往往不止於僅僅作為趨吉避凶的方術，及「能彌綸天地之道」的學問，亦有其「修心養性」的功能，「與道合一」（修道）的內涵。《素問・上古天真論》：「上古之人，其知道者，法於陰陽，和於術數。」數之意義，不單是外在的算數、歷數、氣數，而是與理學中同等的「道」、「理」--心性的功能，北宋理氣家邵雍對此多有發揮：「聖人之心，是亦數也」、「萬化萬事生乎心」、「心為太極」。《觀物外篇》：「先天之學，心法也。……蓋天地萬物之理，盡在其中矣，心一而不分，則能應萬物。」反過來說，宋代的術數理論，受到當時理學、佛道及宋易影響，認為心性本質上是等同天地之太極。天地萬物氣數規律，能通過內觀自心而有所感知，即是內心也已具備有術數的推演及預測、感知能力；相傳是邵雍所創之《梅花易數》，便是在這樣的背景下誕生。

《易・文言傳》已有「積善之家，必有餘慶；積不善之家，必有餘殃」之說，至漢代流行的災變說及讖緯說，我國數千年來都認為天災，異常天象（自然現象），皆與一國或一地的施政者失德有關；下至家族、個人之盛衰，也都與一族一人之德行修養有關。因此，我國術數中除了吉凶盛衰理數之外，人心的德行修養，也是趨吉避凶的一個關鍵因素。

術數與宗教、修道

在這種思想之下，我國術數不單只是附屬於巫術或宗教行為的方術，又往往是一種宗教的修煉手段--通過術數，以知陰陽，乃至合陰陽（道）。「其知道者，法於陰陽，和於術數。」例如，「奇門遁甲」術中，即分為「術奇門」與「法奇門」兩大類。「法奇門」中有大量道教中符籙、手印、存想、內煉的內容，是道教內丹外法的一種重要外法修煉體系。甚至在雷法一系的修煉上，亦大量應用了術數內容。此外，相術、堪輿術中也有修煉望氣（氣的形狀、顏色）的方法；堪輿家除了選擇陰陽宅之吉凶外，也有道教中選擇適合修道環境（法、財、侶、地中的地）的方法，以至通過堪輿術觀察天地山川陰陽之氣，亦成為領悟陰陽金丹大道的一途。

易學體系以外的術數與的少數民族的術數

我國術數中，也有不用或不全用易理作為其理論依據的，如揚雄的《太玄》、司馬光的《潛虛》。也有一些占卜法、雜術不屬於《易經》系統，不過對後世影響較少而已。

外來宗教及少數民族中也有不少雖受漢文化影響（如陰陽、五行、二十八宿等學說。）但仍自成系統的術數，如古代的西夏、突厥、吐魯番等占卜及星占術，藏族中有多種藏傳佛教占卜術、苯教占卜術、擇吉術、推命術、相術等；北方少數民族有薩滿教占卜術；不少少數民族如水族、白族、布朗族、佤族、彝族、苗族等，皆有占雞（卦）草卜、雞蛋卜等術，納西族的占星術、占卜術，彝族畢摩的推命術、占卜術……等等，都是屬於《易經》體系以外的術數。相對上，外國傳入的術數以及其理論，對我國術數影響更大。

曆法、推步術與外來術數的影響

我國的術數與曆法的關係非常緊密。早期的術數中，很多是利用星宿或星宿組合的位置（如某星在某州或某宮某度）付予某種吉凶意義，并據之以推演，例如歲星（木星）、月將（某月太陽所躔之宮次）等。不過，由於不同的古代曆法推步的誤差及歲差的問題，若干年後，其術數所用之星辰的位置，已與真實星辰的位置不一樣了；此如歲星（木星），早期的曆法及術數以十二年為一周期（以應地支），與木星真實周期十一點八六年，每幾十年便錯一宮。後來術家又設一「太歲」的假想星體來解決，是歲星運行的相反，週期亦剛好是十二年。而術數中的神煞，很多即是根據太歲的位置而定。又如六壬術中的「月將」，原是立春節氣後太陽躔娵訾之次而稱作「登明亥將」，至宋代，因歲差的關係，要到雨水節氣後太陽才躔娵訾之次，當時沈括提出了修正，但明清時六壬術中「月將」仍然沿用宋代沈括修正的起法沒有再修正。

由於以真實星象周期的推步術是非常繁複，而且古代星象推步術本身亦有不少誤差，大多數術數除依曆書保留了太陽（節氣）、太陰（月相）的簡單宮次計算外，漸漸形成根據干支、日月等的各自起例，以起出其他具有不同含義的眾多假想星象及神煞系統。唐宋以後，我國絕大部分術數都主要沿用這一系統，也出現了不少完全脫離真實星象的術數，如《子平術》、《紫微斗數》、《鐵版神數》等。後來就連一些利用真實星辰位置的術數，如《七政四餘術》及選擇法中的《天星選擇》，也已與假想星象及神煞混合而使用了。

隨着古代外國曆（推步）、術數的傳入，如唐代傳入的印度曆法及術數，元代傳入的回回曆等，其中我國占星術便吸收了印度占星術中羅睺星、計都星等而形成四餘星，又通過阿拉伯占星術而吸收了其中來自希臘、巴比倫占星術的黃道十二宮、四大（四元素）學說（地、水、火、風），並與我國傳統的二十八宿、五行說、神煞系統並存而形成《七政四餘術》。此外，一些術數中的北斗星名，不用我國傳統的星名：天樞、天璇、天璣、天權、玉衡、開陽、搖光，而是使用來自印度梵文所譯的：貪狼、巨門、祿存、文曲，廉貞、武曲、破軍等，此明顯是受到唐代從印度傳入的曆法及占星術所影響。如星命術中的《紫微斗數》及堪輿術中的《撼龍經》等文獻中，其星皆用印度譯名。及至清初《時憲曆》，置閏之法則改用西法「定氣」。清代以後的術數，又作過不少的調整。

此外，我國相術中的面相術、手相術，唐宋之際受印度相術影響頗大，至民國初年，又通過翻譯歐西、日本的相術書籍而大量吸收歐西相術的內容，形成了現代我國坊間流行的新式相術。

陰陽學——術數在古代、官方管理及外國的影響

術數在古代社會中一直扮演着一個非常重要的角色，影響層面不單只是某一階層、某一職業、某一年齡的人，而是上自帝王，下至普通百姓，從出生到死亡，不論是生活上的小事如洗髮、出行等，大事如建房、入伙、出兵等，從個人、家族以至國家，從天文、氣象、地理到人事、軍事，從民俗、學術到宗教，都離不開術數的應用。我國最晚在唐代開始，已把以上術數之學，稱作陰陽（學），行術數者稱陰陽人。（敦煌文書、斯四三二七唐《師師漫語話》：「以下說陰陽人謾語話」，此說法後來傳入日本，今日本人稱行術數者為「陰陽師」）。一直到了清末，欽天監中負責陰陽術數的官員中，以及民間術數之士，仍名陰陽生。

古代政府的中欽天監（司天監），除了負責天文、曆法、輿地之外，亦精通其他如星占、選擇、堪輿等術數，除在皇室人員及朝庭中應用外，也定期頒行日書、修定術數，使民間對於天文、日曆用事吉凶及使用其他術數時，有所依從。

我國古代政府對官方及民間陰陽學及陰陽官員，從其內容、人員的選拔、培訓、認證、考核、律法監管等，都有制度。至明清兩代，其制度更為完善、嚴格。

宋代官學之中，課程中已有陰陽學及其考試的內容。（宋徽宗崇寧三年〔一一零四年〕崇寧算學令：「諸學生習……並曆算、三式、天文書。」「諸試……三式即射覆及預占三日陰陽風雨。天文即預

定一月或一季分野災祥，並以依經備草合問為通。」

金代司天臺，從民間「草澤人」（即民間習術數人士）考試選拔：「其試之制，以《宣明曆》試推步，及《婚書》、《地理新書》試合婚、安葬，並《易》筮法，六壬課、三命、五星之術。」（《金史》卷五十一・志第三十二・選舉一）

元代為進一步加強官方陰陽學對民間的影響、管理、控制及培育，除沿襲宋代、金代在司天監掌管陰陽學及中央的官學陰陽學課程之外，更在地方上增設陰陽學課程（《元史・選舉志一》：「世祖至元二十八年夏六月始置諸路陰陽學。」）地方上也設陰陽學教授員，培育及管轄地方陰陽人。（《元史・選舉志一》：「（元仁宗）延祐初，令陰陽人依儒醫例，於路、府、州設教授員，凡陰陽人皆管轄之，而上屬於太史焉。」）自此，民間的陰陽術士（陰陽人），被納入官方的管轄之下。

至明清兩代，陰陽學制度更為完善。中央欽天監掌管陰陽學，明代地方縣設陰陽學正術，各州設陰陽學典術，各縣設陰陽學訓術。陰陽人從地方陰陽學肄業或被選拔出來後，再送到欽天監考試。（《大明會典》卷二二三：「凡天下府州縣舉到陰陽人堪任正術等官者，俱從吏部送（欽天監），考中，送回選用；不中者發回原籍為民，原保官吏治罪。」）清代大致沿用明制，凡陰陽術數之流，悉歸中央欽天監及地方陰陽官員管理、培訓、認證。至今尚有「紹興府陰陽印」、「東光縣陰陽學記」等明代銅印，及某某縣某某之清代陰陽執照等傳世。

清代欽天監漏刻科對官員要求甚為嚴格。《大清會典》「國子監」規定：「凡算學之教，設肄業生。滿洲十有二人，蒙古、漢軍各六人，於各旗官學內考取。漢十有二人，於舉人、貢監生童內考取。附學生二十四人，由欽天監選送。教以天文演算法諸書，五年學業有成，舉人引見以欽天監博士用，貢監生童以天文生補用。」學生在官學肄業、貢監生肄業或考得舉人後，經過了五年對天文、算法、陰陽學的學習，其中精通陰陽術數者，會送往漏刻科。而在欽天監供職的官員，《大清會典則例》「欽天監」規定：「本監官生三年考核一次，術業精通者，保題升用。不及者，停其升轉，再加學習。如能黽勉供職，即予開復。仍不及者，降職一等，再令學習三年，能習熟者，准予開復，仍不能者，黜退。」除定期考核以定其升用降職外，《大清律例》中對陰陽術士不準確的推斷（妄言禍福）是要治罪的。《大清律例・一七八・術七・妄言禍福》：「凡陰陽術士，不許於大小文武官員之家妄言禍福，違者杖一百。其依經推算星命卜課，不在禁限。」大小文武官員延請的陰陽術士，自然是以欽天監漏刻科官員或地方陰陽官員為主。

官方陰陽學制度也影響鄰國如朝鮮、日本、越南等地，一直到了民國時期，鄰國仍然沿用着我國的多種術數。而我國的漢族術數，在古代甚至影響遍及西夏、突厥、吐蕃、阿拉伯、印度、東南亞諸國。

術數研究

術數在我國古代社會雖然影響深遠，「是傳統中國理念中的一門科學，從傳統的陰陽、五行、九宮、八卦、河圖、洛書等觀念作大自然的研究。……傳統中國的天文學、數學、煉丹術等，要到上世紀中葉始受世界學者肯定。可是，術數還未受到應得的注意。術數在傳統中國科技史、思想史，文化史、社會史，甚至軍事史都有一定的影響。……更進一步了解術數，我們將更能了解中國歷史的全貌。」（何丙郁《術數、天文與醫學中國科技史的新視野》，香港城市大學中國文化中心。）

可是術數至今一直不受正統學界所重視，加上術家藏秘自珍，又揚言天機不可洩漏，「（術數）乃吾國科學與哲學融貫而成一種學說，數千年來傳衍嬗變，或隱或現，全賴一二有心人為之繼續維繫，賴以不絕，其中確有學術上研究之價值，非徒癡人說夢，荒誕不經之謂也。其所以至今不能在科學中成立一種地位者，實有數因。蓋古代士大夫階級目醫卜星相為九流之學，多恥道之；而發明諸大師又故為惝恍迷離之辭，以待後人探索；間有一二賢者有所發明，亦秘莫如深，既恐洩天地之秘，復恐譏為旁門左道，始終不肯公開研究，成立一有系統說明之書籍，貽之後世。故居今日而欲研究此種學術，實一極困難之事。」（民國徐樂吾《子平真詮評註》，方重審序）

現存的術數古籍，除極少數是唐、宋、元的版本外，絕大多數是明、清兩代的版本。其內容也主要是明、清兩代流行的術數，唐宋或以前的術數及其書籍，大部分均已失傳，只能從史料記載、出土文獻、敦煌遺書中稍窺一鱗半爪。

術數版本

坊間術數古籍版本，大多是晚清書坊之翻刻本及民國書賈之重排本，其中豕亥魚魯，或任意增刪，往往文意全非，以至不能卒讀。現今不論是術數愛好者，還是民俗、史學、社會、文化、版本等學術研究者，要想得一常見術數書籍的善本、原版，已經非常困難，更遑論如稿本、鈔本、孤本等珍稀版本。在文獻不足及缺乏善本的情況下，要想對術數的源流、理法、及其影響，作全面深入的研究，幾不可能。

有見及此，本叢刊編校小組經多年努力及多方協助，在海內外搜羅了二十世紀六十年代以前漢文為主的術數類善本、珍本、鈔本、孤本、稿本、批校本等數百種，精選出其中最佳版本，分別輯入兩個系列：

一、心一堂術數古籍珍本叢刊

二、心一堂術數古籍整理叢刊

前者以最新數碼（數位）技術清理、修復珍本原本的版面，更正明顯的錯訛，部分善本更以原色彩色精印，務求更勝原本。并以每百多種珍本、一百二十冊為一輯，分輯出版，以饗讀者。後者延請、稿約有關專家、學者，以善本、珍本等作底本，參以其他版本，古籍進行審定、校勘、注釋，務求打造一最善版本，方便現代人閱讀、理解、研究等之用。

限於編校小組的水平，版本選擇及考證、文字修正、提要內容等方面，恐有疏漏及舛誤之處，懇請方家不吝指正。

心一堂術數古籍 珍本 整理 叢刊編校小組

二零零九年七月序

二零一四年九月第三次修訂

蔣公玉函真義天元歌　天元餘義

雲陽君口訣掌訣　無極真仝八極神樞

枕中記　醒心篇

辨正總論後說約　神火精

太極篇　平原局法

黃白二氣說

家秘本

玉函眞義天元歌自序

昔遇我師無極眞人於原枝之野扶桑上宮再拜稽首叩問金丹大道眞人曰人道不修仙道遠矣天氣生魂地氣生魄陰陽魂魄造化之精英性命之根柢於是乎寓焉若祖宗父母靈骨不棲則二象薄蝕五行爲災身且不保而何有於長生久視蟬脫羽化乎我先授子以玉函之秘山原水國二宅輿樞是名人世金丹歸葬其親兼以宜民保國建宅開都敬奉無斁我將語子以道矣但以天道秘密遠則五百年一傳近則三百年一傳我昔化爲無着大士與斗中眞人共明此事爲扶輪大帝定此

埋金之宅今數應及子運啟後賢傳之匪人適為禍耳於是盟告三天長跪敬受而玄文妙義不克驟通小憤則昏旦失經大疑則寒暑易序感月玄童子五華丈人時或伺其寤寐披我幃闥引喻更端進以神解比其曉悟星歲十週又復梯山浮海跡夫古帝遺墟神仙窟宅考其制作發其幽奇鞅掌者二十年胼胝者數千里乃得內無惑思外無疑旨予之得此可謂勞矣故願廣志殷應物不吝嘗持要妙以示世人而末俗浮囂不遵至道或始信而終疑或得半而遽足或以偽而亂真授受之間良為不易惟檇李于生沈生及同郡王生韋姿性肫篤服膺不怠

丁酉之歲偕吾周生翺翔入越越之彥士觴予宛委之山禹陵之下陵之名蹟載籍顯著乃其瘞玉之地人莫能知予登窆石憑虗一覽指定神禹葬處其時同遊者四十餘人蒼黃不白獨餘姚丞相之耳孫呂相烈趾不旋踵目不改瞬應殺撫掌而嘆息曰君眞神人之鑒哉雖古之管郭不加於此矣願執弟子禮而問業焉求卜一坵奉葬母翣予於宛委南麓為定馬鬛之封而呂子之再從叔師濂及弟洪烈先與予詩酒唱和得意忘形縞帶紵衣顧言古處呂氏諸子之定交於予曠世為期匪朝伊夕矣昔旌陽眞君得郭景純曰負母骨求山靈之秀而葬焉擇

家秘本

洞壑之美而棲焉古之至人祈嚮如此予服旋陽之教以淨名
忠孝為歸母墓未卜其敢即安於越諸山祖於金蓮天姥委於
四明若耶霄容之所都居羽人之所遊行願追同好之士披襟
嵐岫坐嘯曲阿生茹其華沒飲其實以故酉戌之後歲必適越
三浙以東虞江以西足跡幾遍呂子同遊日久山川之變態心
目洞然又欲盡知昔人裁制之法過自挹抑而進問於予予遵
奉師訓盟天而傳即舉真人所授玉函眞義特著一書以贈呂
子而總其要為天元歌五篇雖俚言鄙語然實濟世憂民之所
為而作也呂乃四岳之裔代產異人挺茲後昆詎慚先覺是能

曲暢斯文不晦雲陽之旨使有覺之類咸識愼終名山大川譬為時棟則太樸之餘巧實利濟之全能以是窮探道奧翱步虛無夫豈遠乎

旹

歲在已亥日月會於玄枵之次中陽子蔣平階大鴻氏題於會稽之樵風涇

家秘本

書天元歌自序後

劉子樂山曰。丹玄童子數語。即所謂思之思之。鬼神通之也。余聞而善之。因思大鴻先生乃明季儒者。必無荒誕語。其遇無極眞人一事。殆亦琴中之文王。夢中之姬公。乎。斗中眞人。疑即楊救貧。其長跪敬受者。疑即洛書。而秘指。則全在天氣生魂一段。先生由魂魄以推陰陽。知其合。又知其分。以默契洛書之數。非十年殫思極慮。何能有得。非二十年考古證今。何能自信。以此知至道之不輕傳。亦不終於無傳。而傳之之人。其攻苦有不得辭者也。或者遂疑蔣公之術。出於神授。非由研理而得。余縱不

為地理辨不得不因蔣公之為儒者而代為之辨

龍江後學汪宜耀士雲氏識

玉函眞義

祖師無極眞人雲陽君授

雲間中陽子蔣平階大鴻述

門人于鴻猷辰遠

沈憶年矩承

于鴻儀膺仁

周積賢履道

呂相烈衡卿

王玄令錫祚手錄同敬受

玉函眞義天元歌

雲間中陽子蔣平階大鴻氏著

第一篇

此篇總論大義。乃全書之綱。

一元灝氣函三象。混沌分開氣升降。天清地濁成兩儀。陰陽互根氣來往。山川土石象中氣。日月星辰氣中象。二氣相抱不相離。濁陰本是清陽相。惟有人為萬物靈。品配乾坤號參兩。一人各具一天地。卓立三才不相讓。

此章言陰陽一氣天地一物而人與天地合體

元陽本是天中來形從大地產根荄至人父天而母地此是生成妙化裁天元降在地元中猶如父母構成胎十月嬰胎非父職三年乳哺母之懷人生本天而親地地靈原是天靈栽

此章言地受天氣而生人推原地氣蔭人之本

生時衣食居夏屋○萬寶地産名天祿○由來宅相福生人○帝室皇都壯京國○死時埋骨歸黃土○返本還元義反覆○還○從○地○氣○吸○天○精○變○化○蒸○噓○露○金○玉○煉陰仙客解沖虛○凡骨猶能化百族○吉成龍鳳衆靈奇○凶作虫蟻諸惡毒○精魄苦樂人不知○但見子孫生禍福○

此章言陰陽二宅○皆○天○氣○陽○精○反○本○化○生○之○妙○

聖賢仙佛也難逃。帝王将相莫自豪。各有山。川。来。蔭。應。今。来。古。往。不。相。饒。最小千金傭販子。亦沾微潤樂陶陶。不然無禄并絶世。墓宅不爽争秋毫。

此章言品類不齊。皆屬墓宅之應。

所以聖人重此理。遷豳卜洛殊焦勞。後来名賢朱蔡輩。煌煌史册議最高。無奈豎儒識見偏。諱言求福云違天。世上惜財薄葬者。附會其說以文慳。一日偷安拋父骨。世代凋零百不全。直使子孫貧夭絕。不孝莫大豈為賢。況復棺翻幷骨腐。父母魂魄更堪憐。

此章言後人失先賢遺旨。陷入於不孝。

世間萬事半荒唐。惟有陰陽不可當。不言不笑三尺土。掌握禍福急如火。笑人不重祖。父墳只望花開不看根。僧道乳母且相應。繼子外孫如嫡親。

此章言地有必應之理。

墓宅吉凶較量看新墳舊墓也相參墓宅兩興宜鼎盛墓宅兩廢斷人烟宅凶墓吉兒孫慶墓凶宅吉眼前歡祖父新扦沾煞氣高曾福蔭他房去寒林忽發一枝榮若非新宅必新塋吉少凶多福來短吉多凶少禍來輕

此章言墓宅新舊參合應驗不可執一而論

更看屍骸寒與暖歲久骨枯取效緩惡山

惡水偽會埋。銷盡陰霾氣方轉。初喪新骨天。靈完葬乘生氣朝花鮮更遇嫩山并嫩水。一紀之内錦衣還兼將宅氣來相輔畢田院裡出官班。

此章言墓氣速應之法。

莫說生來命數奇。地元一得天心移。此是至人造命訣。二十八宿掌中齊。莫說窮通有骨相。騰蛇變作雙龍樣。此是仙家換骨方。死骨不灰生骨壯。

此章言地理挽回氣數之妙○

勸君大地勿悞求○大形大局少根由○縱有千山并萬水○與他穴氣不相投○一枝一泡山龍真○一鈎一曲水龍神○肉眼只嫌結局小○個中生意滿乾坤○恨殺時師不識眞○常將假局賺他人○謀占靈壇并舊墓○壞人心術少安寧○豈知吉地方方有○只在眉頭眼下尋○

此章言戒人勿貪大局而為假地所誤○

蔣生二十慈親喪○幾度拜師求吉葬○家破多因買地差○身衰半為尋師誤○幸遇真人無極子○授我玉函法眼藏○十年冥悟徹玄微○萬里探奇走烟瘴○識得天元造化根○前○月○下○天○機○放○此○書○不○是○術○家○書○河○洛○馬○龜○太○極○圖○義○文○周○孔○心○相○契○夏○禹○殷○箕○義○不○磨○管○郭○遺○文○多○僞○托○曾○楊○口○訣○世○間○無○若○不○傳○心○并○傳○眼○青○囊○萬○卷○總○糢○糊○天○涯○倘○遇○知○音○客○留○取○雲○陽○醉○後○歌○

家秘本

此章先生自序地學得傳之由。發明作歌之意。而歸重於口授心傳。

第二篇 此篇論山龍

昔日華山陳處士。演成太極傳當世。推原天地未分時。只。有坎。離。水。火。氣。二氣盤桓不相離。清者為天濁者地。坎。離。一。交。成乾坤。制造大圜如冶鑄。黃輿乃是冶中灰。水火煎烹積滓翳。山。情。剛。燥。火。所。凝。骨。骼。支撐。為。砥。柱。

此章推原渾天化生之始。大地山河成象之初。

陰脉従乾兌癸来所以陽脉是巽震也

汪云崑崙之山有向東南出脉者謂之陽脉

家秘本

崑崙高頂九霄中此是中天泰帝宮海外三山幾萬里總與此山脉絡通陽脉東南来震巽如人正面向離風故生聖哲臨吏夏迴與肩背不相同大幹三條分主輔三條各有帝王龍帝穴龍神五百里若然百里作王公但有特龍来數里亦許功名鑄鼎鐘

此章概言中國三條龍脉大勢

欲識龍行先識起龍若起時勢無比高山

高山出脈，一路起頂起脊，開帳轉翅，忽爾一望平夷，或數里或數十里，甚而百里，不見踪跡，復又重興營

萬仞削芙蓉，千里層巒皆俯視。此龍多生火木形，放下群枝行八際。一枝一葉有龍神，正龍端向中央去。只把江南大勢看，南龍起頂是黃山，左翼九華開內輔，右翼天目敵東藩。正龍句曲神仙府，直到金陵龍虎蟠。山龍一起一龍分，數起數分龍益尊。龍神分去非無穴，正幹偏枝力不均。

此章言真龍起祖分宗枝幹之理。

看正龍看起復看斷（斷是龍之伏），凡屬正龍斷復斷，斷時

案再起星峯而後結穴此爲正龍莫大之地下章真龍專指正龍而言

真龍結曠野謂左右無龍虎山也落在深岩裡次岩即曠野之處結穴之外萬象俱空其爲曠野可知惟曠野故有浪打風吹之象究竟浪不能打風不能吹

百里失真蹤穿江渡水情無限山根委曲地中行不是仙人誰能辨（着眼）

此章言真龍斷伏之妙

識得斷龍方識結結穴玄微最難說世人求穴近大山且要案山龍虎夾豈知大山龍未歇總有窩藏反走泄真龍偏結曠野中踴躍奔騰不怕風饒他落在深岩裡也要平坡萬象空好龍勇猛向前奔從龍不及過關津譬若神駒日千里難將凡馬望

真龍雖無龍虎而外垣却自廣闊
時師求龍虎於穴外蔣公求龍虎於穴中

此雌雄即下文賓主之謂

其塵亦似三春抽嫩笋從龍如篺抱其身
一朝雷雨干霄長節高篺落不相親時師
只恠無龍虎真龍真虎穴中鎖會得天然
龍虎時浪打風吹皆樂土

此章言眞龍結穴變化之奇而辨時師
取用外砂之謬

龍神隻隻顧祖宗如子戀母遠相從若不
祖山為正案另求特案配雌雄百里眞龍
百里案賓主威嚴眞匹判莫言作案便非

上章破世人龍虎夾之說此章畢世人要案山之說頂上生峯四句謂陰龍也有好龍四句謂陽龍彼處指高岡平阜至隱隱隆隆不可目視而可以意會是則骨相完矣

此所謂飛脈即前所謂斷龍也其尋斷龍之訣必以石骨爲據此蔣公之秘奥也

家秘本

龍但是高峰都不賤

此章言真龍相朝相顧自然之情理

辨穴先須辨落脈落脈乃是穴消息頂上生峯脈頭角兩旁開帳龍羽翼粗枝出細好花房老蚌生珠光滴滴也有好龍無脈看高崗平阜只粗頑彼處祖宗多脫卸數節之前骨相完大率真脈有二種連脈飛脈精神迴連脈真宗在本山飛脈他山復一湧本山定是結垂頭他山半作拋珠弄

艸中之蛇、灰中之線、皆指石骨而言、

近山飛脉、起頂低小、土覆石上、故曰不嫌土、遠山飛脉、起頂高大、土覆石中、故云石中數

也有飛脉遠數里。起伏愈多龍愈美。時師只道餘氣長。或說羅星水口當。豈識眞龍饒變化。草蛇灰線最難詳。教君到此須求盡。眞龍大盡貴非常。近山飛脉不嫌土。遠山飛脉石中數。若無眞石盡浮泥。恐是人工難證取。

此章詳辨眞龍出脉變態。

與君細論石中機。石是山精骨髓滋。時人只怕石無穴。誰道眞龍石始奇。眞鉗眞窩

太極暈不必五色若五色而非圓暈只是凡土

此眞土即指太極暈而說惟迎接之穴不必太極而亦為眞土

家秘本

石內藏眞龍眞虎石兩傍識得枕棺龍口

石千山玉乳灌心香結穴之石此中推行

龍之石脉胚胎不審其中玄竅理滿山碩

石豈堪裁試言結穴有二品石穴土穴貴（亦）

相準石穴端的是窩鉗愼勿鑿傷龍骨髓

土穴太極暈中包內象分明外象隱窩鉗

土色不須論太極重輪仔細尋眞土原來

石變化不同凡土五華文世人鑿穴但求

土若逢凡土枉勞神

龍神一轉頭○固是側落○穴但就其結頂垂唇而正下之○

此章言石上二穴眞機○

問君下穴有何法○正龍正下是眞訣時師只說衝腦門○每向龍傍尋倚穴○精華走失發不全○左右偏枯房分絕○也有眞龍偏側定○龍是側來穴是正○此是龍神一轉頭○結頂垂唇巧相稱○

此章言下穴之法○

語君結頂是眞訣○披肝露膽為君說○龍不起頂非眞龍○穴不起頂非眞穴○結頂名為

天體至圓。穴星稟天陽之氣。而內成圓暈。必外露金形。所謂產真金也。世間萬寶金為貴。泛指貨財言。此是真陽露妙情。此字。專指穴星之真金言。同體。謂同一金體。

傍枝旁脈有來情。此與流神不同。其盡處必有龍虎可証。然有外相而無內相。葬之者非落在天然之穴。只以人功為之接氣而已。後章餘無流神。亦用接氣法。然較旁枝旁脈却單弱。大局亦必不同。

真穴星。穴星圓暈產真金。世間萬寶金為貴。此是真陽露妙情。真龍大地皆同體。遇著真金莫放行。亦有穴星無四曜。不離金體是真精。

此章言真穴起頂。

無極天元無別說。只曉真龍并真穴。識得真龍與真穴。天機造化為我奪。不得真龍與真穴。我師更有方便法。傍枝傍脈有來情。只要穴後生一突。緊粘突下作穴星。此

緊粘二字須着眼

又名為接氣訣。人丁財祿兩豐盈。亦堪衆子登黃甲。君看當今富貴墳。大都接氣非真結。

此章言接氣穴法。

亦有真龍向前行。腰間脊上有三停。湊着龍身下一穴。此作騎龍斬氣名。

此章言騎龍斬關穴法。

真龍餘氣本非穴。撞指來時氣未絕。亦有龍傍一脉垂。是號流神亦可發。世人見發

說○穴○眞○豈○知○龍○領○剝○明○月○

此章言不得真穴而得餘炁流神二種○皆能發福○

囑○君○受○穴○緊○中○粘○莫○嫌○湊○煞○出○毬○簷○得○龍○脫○脉○眞○元○散○受○水○乘○風○禍○不○旋○

此章言葬法不宜脫氣○以下直指山龍諸忌格○

我有仙人枕中記○說盡葬山諸大忌○一一分明告世人○廣度群迷長生意○第一切忌

下空窩空窩積水寒氣多葬下淤沮骨腐爛子孫滅絶可奈何凡有水淋生大咎左淋長子先不宥右淋少子少安寧當背淋來皆莫救穴無貼肉若坐空定有淋漓向穴冲水流割脚猶堪忍水若淋頭立見凶

此章言穴忌空窩

第二切忌下平坦穴居平坦真情散坐後全無貼體星平波瀁蕩生憂患

此章言穴忌平坦

第三莫下天風劫高山頂上空無穴高而有穴不為空無穴天空真劫煞八面風搖骨作塵此是風輪不可說

此章言穴忌天風

第四莫下龍腦背龍自他行氣不聚縱然穴後不空虛墻頭壁下無根蒂

此章言穴忌腦背

總之眞穴少人知只言怪穴不易窺正脈正情原不怪須將福德合天機

陽龍節節是陽胎。承上文言淨陰淨陽之法。其法以乾坤辰戌為陽為老。巽辛亥艮為陰為嫩。此是滅蠻之說

此章言眞穴非怪。惟有德者當之。○以下皆辨時師俗術從來之誤。

恨殺堪輿萬卷經。當年曾有滅蠻名。假托曾楊為正訣。不誤蠻夷悞後生。陰陽兩淨卦中來。陽龍節節是陽胎。陰龍剝換亦如此。只取清純向首排。若是嫩龍終是嫩。乾坤辰戌皆英俊。若是老龍終是老。巽辛亥艮未為寶。浪說貴陰而賤陽。天下奇龍扦葬少。

俗術有從結穴處逆踏至起祖以節節生來為吉尅者為凶故蔣公以先天五行無生尅曉之如穴星是金而穴後一節為火星即俗所謂尅胎龍也真火原從水裡生二句泛指先天無生尅之義不必深求

此章辨貴陰賤陽之非

五星只取影中形九星變化亦非眞撰出後天生與尅豈解先天大五行先天五行無生尅一陽變化皆太極眞水原從火裡生眞金本是水中出語君莫避尅胎龍木金水火原非逆

此章辨星體五行生尅之非

更把方隅分五行左迴右轉別陽陰生方旺地求高峻堪笑時師掌上輪生龍本有

家秘本

凡穴前所見峯峦皆為應星應星因太歲而驗

生。之。情。死。龍。亦。有。死。之。形。生。生。死。死。隨。龍。變。豈。在。方。隅。順。逆。輪。

此章辨方位五行生旺墓絶之非。

或取喝形来點穴。此是神仙留記訣。好穴難將告後人。記取真形揣摹合。混沌初分即有山。世間萬物後来添。器物衣冠時代異。那得生成太古前。子微玉髓巧分名。只為峯巒論應星。若説龍胎真有相。後人虛擬失真情。

此章論喝形點穴之非。

山上龍神不下水。先賢眞訣分明語。時師却把水來論。衰旺順逆紛無已。誰知水法不關山。山失水。乾龍會上天。直瀉直奔通不忌。蝦鬚蠏眼莫求全。

此章辨山穴兼論水法之非。

雲陽本是先天老。衆說紛紜如電掃。血淚沾襟歌再歌。天機洩盡誰人曉。

第三篇 此篇論平洋水龍○

天下平洋大地多○平洋龍法更如何○世人盡說平洋訣○都把山龍（宗地求龍）涵揣摹○平龍原不（理氣同而）與山同（龍脈不同）○郭璞分明說水龍○水龍一卷從來秘○不許輕傳泄化工○我代雲陽行普度○一言萬古鑿鴻濛○神呵鬼責甘心受○造福生民在掌中○山形來落有根原○大地平鋪一片氈（讚曰平洋則土之分枝過峽皆恍惚之論也）○首尾去來無定所○分枝過峽不須言○莫把高低尋起伏○休猜渡水復穿田○山是○

水邊逢水界五字相連或大轉灣而盡或大轉灣處有擴澥是水邊又逢水界也地炁至此便結成穴

眞陽神在骨地是純陰精在血山常葬骨不離肉地惟葬肉不離血人託生氣地中求豈知地氣水邊流流到水邊逢水界平（水邊地炁有正面反面之分或盡或三叉）原灝氣盡地收（皆來也）

此章言平地之穴以水為龍與山龍來脉迥異開千古所未曉

水龍原不異山龍將水作山以類從（水無有分枝過峽理炁與山龍不異）水龍即是山龍様枝幹分行事事同大江大河幹龍形小溪小澗枝龍情幹水滂蕩必真

穴猶如鄔山無正結枝水屈曲情相得譬若成胎有落脉謂山龍

此章言水龍行度與山龍枝幹落脉一體格局

山性本火主炎上水性純水主潤下炎上高起是眞龍潤下低蓄是朝宗山穴後高丁祿盛水穴後高絶無踪

此章言水龍與山龍取用高低之辨

自上而下山之止自外而入水之止山来

同一止。而有生死之分。

一轉名為抱穴龍。此單指貼身一轉。非謂但有一轉便結富貴之穴也。

二三四五。從穴塲數出。此言穴前穴後。有數摺之水。方為大地。

大灣撓處。地形可以立穴。無分流為息道。有分流為漏道。

觀轉入二字。可知此息道。指攀騎二穴而言。上文二三四五。乃穴前穴後之曲水。非外護者。龍愈多。愈美之謂。

此言一道單纏之穴有龍頭與腰腹之分。圖見水龍經。

多止止求真。水來多止止貴神。若是止形皆可穴。頑山頑水盡黃金。

此章言水龍與山龍各有真止之妙。

我有水龍真要訣。水行有轉是真結。直來直去龍之僵。有灣有動龍之活。一轉名為抱穴龍。抱穴富貴在其中。二轉三轉貴不歇。四五卿相不須說。轉處不分名息道。轉入分流名漏道。惟有息道是真龍。漏道多（點穴一轉。若是漏道。須兜）轉總成空。（雖多轉。亦無益。）轉水不漏皆堪穴。不必止處求

一道單纏之龍腹可騎不可攀
龍頭於地局稍偏久不失為精妙
來氣回氣坐砂案砂各得其法是為完全
不另開小水
沓龍外護與雌雄兩道俱見水龍經
觀同槽之義可知是兩龍頭兩龍口也歸厚録云圓
葬其口

盡結盡結原來是龍頭轉處腰腹亦兼收
龍頭偏側俱精妙腰腹完全力始悠

此章言水龍轉結真機

求全（承上文而言）不用水來多一道單纏養太和更有
沓龍從外護愈多愈美酒添酥雖取群龍
來輔佐還從一道作龍窠

此章言水龍結穴以內水一道為主

別有雌雄兩道交交時却似馬同槽此是
水龍奇妙格相呑相戀福滔滔

家秘本

揔承三轉四轉、及一道單纏與雌雄兩道、以明穴星也。凡掌足之形亦在內

金圓水曲、土方穴身惟取金土、二星。水星宜在穴前穴後。　凡龍頭穴、木身有轉者居多

凡曲折之水、必有圓滂可以立穴所謂露金精也。

此章言水龍交氣之穴。

水中亦中穴龍星。五曜時時現正形。五曜只。求。金。水。土。木身有轉土之情。直木火星（木直火尖）皆最忌水形吞吐露金精。若應三垣并列（說見歸厚錄）宿官階品職最分明。（辨象篇）但。取。穴。星。親。切。處。不。離。金。土。蘊。真。靈。

此章言水龍五行星體。

五星論定穴應裁。三法千秋慧眼開。坐水騎。龍。為。上。格。挾。龍。倚。水。亦。佳。哉。向。水。攀。龍。

掛角謂掌足之形凡掛角之水大抵是半個土星故因土星掛角之舊法而名之也來脉只一折既不延長又不欲側亦美格也可挨則挨不可挨則或騎或拳

胎謂貼身一轉

遠有不遠而猶嫌其遠有遠而實未嘗遠

沾着甚难太曠太逼皆非着也直為陰旺為陽陰陽交度猶云交姤此乃春意之所由生

春謂合元之水

盈虛在於長短

真水長短以龍之全身訂結焉就到頭處訂結焉長短不在矜頭之形只在所受之脉

非不美後山有水始無衰掛角并兼三法定莫親湢道損龍胎

此章直指水龍裁穴三法歸本於坐後水神而最忌漏道

龍胎雖固稱人心遠水安墳死氣侵沾着水痕扞貼肉陰陽交度自生春

此章言水龍下穴貼水之要

平原春到好栽花挹注盈虛氣脉賒真水短時結氣短真水長時實可誇長龍定主

平環謂到頭之形。車謂圓大之水。無界水為空車。有界水為帶秀。末二句言痴蕩盈虛不在長短平環。只在淺深大小。抱注盈虛氣脉賒言穴炁由龍之全身抱注。其炁其脉。不專在到頭一節也。平炁不如環氣足。言龍腹穴之後蔭。龍頭穴之本身。凡到頭一節。與穴旁樣株。皆以環曲為貴也。淺深濶狹辨龍車。言湖蕩穴炁之盈虛。即以湖蕩之淺深濶狹辨之。此章只言穴炁。不可誤認為穴法。

車謂湖蕩有小水引入。是為水乘車。空車言無小水也。

此以攀痴龍者。言外情即指痴蕩。內炁是指穴地。歸厚錄所謂若無支息穴坐其圈。註以為坐於土圩圈處者是也。

有小水為帶秀。小水界清炁。方可坐痴蕩為後蔭矣。

源源貴短龍。只許富豪家。平。氣。不。如。環。氣。足。龍逢轉動發萌芽。更有一端分別處。淺深濶狹辨龍車。

此章辨別水龍穴氣盈虛。福力厚薄久暫之異。

水若乘車號秀龍。空車湖蕩是癡龍。得運癡。龍。能。富。貴。外。情。內。氣。要。相。從。帶。秀。癡。龍。尤。顯。赫。癡。從。後。蔭。福。無。窮。

此章言湖蕩水龍格法。

剖盡斡技行止方論元運
三元以骨訁。九曜以局訁。其宗一物也。
子息為骨。煞宮立向皆舛錯也。
言帝王度地之法只取九數也。盖天圓地方以圓之

從来水脉後天成。不同山骨先天生。山骨培補終不應。水脉疏濬引真情。當年無着修龍法。修。着之。時。旦。夕。靈。莫道人工遜天造。江河淮泗禹功平。

此章言水龍修補之妙。此章以上。皆論水龍巒頭體格。此章以下。乃論水龍理氣作法。

水龍剖盡骨坐香。入用玄機不可量。八。卦。三。元。并。九。曜。毫。釐。舛。錯。落。空。亡。問君八卦

十二宮加於方之九宮則方之四隅必兼各圖之二
宮聖人定之以八卦又因八卦而配之以二十四名
色支兼二干維兼二支乃自然不易之法其宗止
於九宮也明堂雖按十二月亦止九宮
傍龍謂子息一卦藏謂子息統於父母○莫憑三八
句謂不可强憑二十四位以分條理如淨陰淨陽及
生旺墓之說○末二句謂若誤認為二十四龍何由
知九骨爭必識得九龍而後九骨之真有在也真謂
子息兼父母與父母之正中

値元為旺龍初失元為平龍再失元為死龍縱然合
格也難支言雖沙水環抱禍亦無逃也
四面有水來是為八神齊到圖見陽宅及水龍經
龍要合元局亦要合元凡向有兼宮便是出元之局
末二句言尋龍不可誤認局亦不可悞

如何取洛書大數先天矩五帝三皇緯地
書九州九井多經紀只把傍龍一卦藏莫
憑三八分條理識得九龍龍骨真骨若不
真飛不起

此章言水龍八卦龍骨純雜

九龍八卦貪巨武上下三元各有宜葬着
旺龍當代發葬著平龍發跡遲葬着死龍
憂敗絕縱然合格也難支不是八神齊到
穴出元之局莫相依

家秘本

局以坐向而定。坐向不宜兼。而兼。雖毫釐尺寸。亦足致禍。

照神論局不論骨。故因定局而兼及之。運改更。言此房臨旺。彼房臨衰。不相同也。

對脈與元運相對之水脈也。龍身莫非來情。此則就貼穴之水言。

來情是脈位乃局也。脈與位。合。斯能制。勝外局來情之遠。可以制照神之雜。內局來情之親。可以制宮星之雜。　若水城寬廣。或盡處不合元。須另開小水脈與位合。以攬諸局之綱。

水城轉折。必有純雜之殊。其純雜必有長短之異。天心十道。所以當尋也。

此章言水龍八卦天元氣運衰旺。

定局惟看貼水城。毫釐尺寸要澄清。更有、照神能奪氣（奪本宮之氣）。外洋光透失宮星。宮星若重（兩元俱發行運先內）、平分勢（局而後到向）。照神若重獨持衡（照神之元始發）。外照過多分氣、亂。必定分房運改更。更有、水龍眞骨髓。將對脈論定向來情。若在眞元位。諸局參差一半輕。轉折短長純雜處。此中消筭眼惺惺。

此章言水龍宮星照神兩氣兼論之法。

家秘本

四吉四凶分順逆平洋以水為主上元止於三吉各以對宮下元為輔弼合之又為一吉中元亦稱三吉以上元為輔弼下元止於三吉亦各以對宮上元為輔弼所以謂之四吉若止(上)元而取下元之四吉下元而取上元之四吉則為四凶矣分順逆者九八七三二一為吉一二三七八九為凶舉上下元以包中元也　此與下三句俱重在局上

父母二卦顛倒輪謂乾與巽上元與下元坐向二卦顛倒輪值也

而歸重於來情

天元既辨（三吉辨龍）龍神旺九曜不紛（九曜辨為）龍力喪此是山家大五行（陰陽為大五行）納甲爻中應天象（一爻皆管兩甲天象謂三合爻之吉凶必驗於三合之年所）五星二曜轉乾坤（謂應天象也）禀命天樞萬化根在天北斗司元化（八卦九星相配合）在地八卦顯天心四吉四凶分順逆父母二卦顛倒輪向首一星災福柄去來二（即生入剋入之謂即內流）口（外流之謂）死生門青囊萬卷無非假惟有天玉是真經玄空洪範并三合八曜黃泉枉問津尤恨去來生旺墓害人父母絕兒孫能將

暗指小水入口、所謂来情若在真元位也、

此處低陷之地、一望皆是、只作界焉、看其中高地作水龍對面看、就低中之高、擇旺運躔謂之穴地、求龍亦可、

前後左右之低空、必有大小濶狹之殊、低空之濶大者、不利向前、只利坐後、

九曜即三吉為喉舌○大地乾坤一口吞○

此章言水龍天元真訣○在九曜大五行○乘氣立穴○惟此為重○而力辨諸家理氣之非○

九曜即三吉龍亦舉於局之中

更說高原無水地○亦有隱穴在其際○乘高臨下○即江河萬頃○低平能界氣○高低數尺合天元○一旦繁華諸福至○若坐低空在後山○數世箕裘常不替○

此章言高低隱穴之法○

此處低陷之地必曰以低陷作水看從水論三元高原無水地此是低陷之地多者也江北平地龍此是低陷之地少者也二者與平洋一例但高原以棄地為據江北以乾流為據

家秘本

江北中條平地龍○無○山○切○莫○強○尋○踪○雖是乾流無水道○溝○渠○點○滴○有○神○功○隱隱微茫看水法○葬法實與江河同○我向乾流指真水○能使上士開心胸○

此章言中州無山平地○竟取乾流為水法○與江南似異而實同○

高山坦處近平田莫作山龍一樣○看○（○須○兼○山○水○兩○法○）或遇乾原或水際○亦將此法論天元○雲陽留得（二句疑是衍文不然或再有○兩句另為一章）天元訣欲向人間種善緣○

山地本不論水此兼論水必兼收山水於一元之中故曰另一格如上元山穴坐離當收艮兌之水下元山穴坐坎當收坤震之水楊公云雙山雙向水零神富貴永無貧亦此意

吉龍謂星體之吉又是值元之龍

山本陽精二語是以陰根陽水陽根陰之意其實山水皆地之脉皆屬陰與天陽相為配偶

此章言山構麓之穴兼論水向知元另一格也

語君葬水勝葬山葬山歲久氣方還水葬吉龍并旺運三年九載透天關山本陽精中抱陰陰精是水陽內存葬陽得陰陰漸長葬陰得陽陽驟伸

此章言水龍速應之理

楊公昔日救貧法但取天元水龍合王侯將相此中求無着禪師親口訣杜陵狂客

平洋葬地亦名為山幹未謂通流大水

不勝愁。四十無家浪白頭。只為尋山貪幹氣。蒼苔古道漫淹留。水龍一卷瞻知己。大地陽春及早收。

陽宅另有指南篇及天心相宅秘本圖註甚詳故此篇不復註

第四篇 此篇論陽宅

人生最重是陽基。却與墳塋福力齊。宅氣不寧招禍咎。骨埋眞穴貴難期。建國定都關治亂。築城置鎮係安危。試看田舍豐盈者。半是陽基偶合宜。

此章言陽宅與陰地並重。故建都立邑。關係甚大。

陽基擇地水龍同。不用前篇議論重。但比陰基宜濶大。不爭秀麗喜粗雄。大蕩大江

藜照堂傳

收氣亭涓流滴水不關風○若得亂流如織錦○不分元運也可通○

此章言陽宅龍法一如水龍○故不復論○但取局面濶大○乃可容受○若在多水曲折之地○即不合本元○亦可發福○

宅龍論地水○神裁○尤重三門八卦排○只○取○天○元○生○旺○氣○引○他○入○室○是○胞○胎○一門乘旺兩門囚○少有吉祥不可留○兩門交慶一門休○大事歡欣小事愁○須用門門都吉位○全

家福祿永無憂○三門先把正門量○後門房門一樣裝○別○有○傍○門○并○側○戸○通○外○氣○即○分○張○設若便門無好位○一門獨出始為强○

此章言陽宅門氣○

門為宅骨路為筋○筋骨交連血脉均○若是吉門兼惡路○酸漿入酪不堪斟○內○路○常○兼○外○路○看○宅○深○內○路○抵○門○閫外路迎神并界氣○迎風界水兩重關○

此章言陽宅路氣○

更有風門通八氣○牆○空○屋○缺○皆○難○避○若遇祥風福頓增○如遇煞風殃立至○

此章言陽宅風氣○

矗矗高高名嶠星○樓臺殿宇一同評○或在身傍或遠應○能迴八氣到家庭○嶠壓旺方能受蔭○嶠壓凶方鬼氣侵○

此章言陽宅嶠氣○

冲橋冲路莫輕猜○須與元龍一例排○冲○起○樂○宮○無○價○寶○冲○起○囚○宮○化○作○灰○

此章言陽宅衝氣

村居曠蕩無關鎖地水無門一同取城巷

稠居地水寬路衢門墻並司權

此章言陽宅有鄉邨城市之異

一到分房宅氣移一門恒作兩門推有時

內路作外路入室私門是握機當辨親疎

并遠近抽爻換象出神奇

此章言陽宅分房之異

論屋神祠理最嚴古人營室廟為先夫婦

內房尤特重陰陽配合宅根源

此章言陽宅以神祠寢室為最重

八宅因門坐向空天元衰旺定真踪運遇

遷移宅氣改人家興廢巧相逢

此章言八宅以門而定不取坐向即氣

口反為初之義而歸重於天元衰旺故

宅有隨時興廢之巧

此是周公真八宅無着大士流傳的天醫

福德莫安排只好遊年斷時日逢興鬼絕

更昌隆。遇替生延皆困廹。太歲神煞若加臨。禍福當關如霹靂。門內間間有宅神。值神值星交互測。此是遊年剖斷機。不合天元總虛擲。

此章言小遊年飜卦。必合天元氣運。乃斷吉凶。

九星層進論高低。間架先天卦數推。雖有書傳都不驗。漫勞大匠用心機。

此章言層進九星間架之非。

家秘本

山龍宅法有何功○四○面○山○圍○亦○辨○風○或有山溪來界合○兼○風○兼○水○兩○相○從○若論來龍休論結○結○龍○藏○穴○不○藏○宮○縱使皇都并郡會○只○審○開○洋○不○審○龍○俗言龍去結陽宅○此是時師識見○庸待取陽居釀家福○山居不及澤居雄○

此章言山居宅法○

陰基陰骨及兒孫○陽宅氤氳養此○身偶爾僑居并客館○庵堂香火有神○靈關着天元

輪轉氣。吉凶如響不容情。透明此卷天元宅。一到人家識廢興。

此章言陽宅蔭生人。比陰地較速。凡有棲身。不可不慎。

此篇註詳剋擇卷中

第五篇 此篇論選擇日時

地利天時古聖言○堪輿兩字義相連○浪說江南無大地○但取年月日時利○眞能大地遍江南○也要天時一力添○初年禍福天時驗○歲久方知地有權○

此章言日時雖不及地氣○只司初年禍福○故當兼重○

諸家剋擇最紛紜○拘忌多端悞殺人○此家言吉彼家凶○對盡諸書總不同○五載三年

精一日○萬般福曜總成空○古来天子七月葬○士庶踰月理不曠○年月何嘗有廢興○日時只許論孤旺○春秋葬日滿經書○但辨剛柔内外宜○裨竈愼梓俱博物○豈昧陰陽誤萬幾○諸家選擇盡荒唐○斗首元辰失主張○奇遁演禽皆倒亂○不經神授莫猜詳○世人尅擇重干支○生命亡命苦相持○致使子孫衝犯衆○多年不葬孝心違○

此章言諸家選擇之謬○

家秘本

豈知死者已無命反氣入地為復命復命能司造化權生者命從死者定故有仙人造命法不是干支子平訣渾天寶照侯天星此是楊公親口訣不怕三煞太歲神陰府空亡俱抹殺年尅壓命有何妨退氣金神皆亂發一卷天元烏兎經留與人間作寶筏

此章直指選擇造命之法而歸重於天星可廢一切神煞拘忌之說

家秘本

推原天地渾混成惟有日月是眞精金烏玉兎本一物五曜四餘從此生人生獨稟乾坤秀萬物皆是陰陽萌聖人觀象演厤法干支甲子作天經五行本是陽中氣神煞何曾別有名只將日月司元化萬象森羅在掌心

此章言造命天星以日月為主

世間萬物各有命不但生人男女定造物制器可同推修造葬埋咸取證日月五星

大象同一時八刻一移宮造命玄機時作主毫釐千里不相同

此章言萬事萬物各有命而其機在時

先將晝夜別陰陽晝夜晨昏出沒詳十二宮中三十度大約六度是分疆盈縮挼時毫末細量天廣尺未能量

此章言用日月須分晝夜

二十八宿七政明論宮論度要分明深則論宮淺論度一分一杪不容情命入躔宮

變五氣日月隨命分五行五曜四餘扶日月生尅衰旺準天平最取用星為福曜有恩有用作干城用若專權為上格忌星一雜福斯輕

此章言十二宮分度躔命五行而歸重於恩用

用曜一星落何處陽時陰候分邊際冬夏二至陰陽極春秋兩分是平氣平氣陰陽用可兼猶看晝夜與宮垣畧過平氣陰陽

別當極之時禍福專陽令惟用金水孛陰令惟用羅與火秋木獨宜水炁孛春土火羅金計土春在分後須陰助秋在分後宜陽輔

此章言四時用忌之變

宮辰星體兩兼收度前度後要深求尤向五星探伏現逆來順去并遲留三方對照緊相隨同宮隔宮一例推夾拱有情權力大日月交受格尤奇

此章備言宫星恩用諸格正變之法○

身當旺令不須恩但將用曜作根源平令獨恩難發達○衰時得用尚無愆○以恩為用真至寶○以難為用多起倒○以恩為忌壽而貧○以難為忌身不保○

此章言恩用離合之法○

本宫端的管初年○宫若不純須舍旃○必取宫身俱妙合○長安花滿任揚鞭○

此章言宫星並重之法○

就中暗曜最難知。空地翻成實地司。寅戌兩(拱)星光在午。丑亥(夾)二曜子中依。

此章言暗曜變格

更有橫天交氣法。寅申(閼)有曜夾宮思。巳丑(輔)卯宮夾未(輔)酉。短長多寡度中移。

此章言橫天交氣法而姑借亥卯酉三宮為例。

果老星宗此的傳。星書叅卷失眞詮。諸般格局皆虛假。升殿入垣莫掛牽。

此章言星書諸格之謬

月逢晦朔皆為福何必蟾光三五圓但忌陰陽當薄蝕七日之内勿争先太白晝現經天日難忌洪災恩大權

此章言晦朔薄蝕經天宜忌

日魂月魄命之根五德五星應五倫掌握乾坤惟此理璿璣經緯治斯民劉公昔日佐眞主建國行軍掃大荒無奈庥官多失學增添宜忌漫評章天元秘書今朝啟傳

與羲和佐聖唐○

此章言造命之法本於天官厤法○大有作用○

雲陽五曲號天元○雖是人為實至言○普願知愚咸解悟○故將俚句廣流傳○一句一聯包數義○通之便是地行仙○其中奧旨須尋味○慎勿差訛累後賢○

此章總結五篇○而致其叮嚀告戒之意○

玉函眞義天元五歌終

家秘本

天元餘義

余既作天元歌五篇○授山陰呂子○門人于鴻猷輩為之章句○其於山龍平泉陰陽二宅之真義○既已大暢厥旨○無復遺義○然其為文猶引而不發○世之覽者○若已知我法○則尋文會意○表裡洞然○如未知我法○徒推測於辭義之間○鮮不循涯而浩嘆者矣○癸卯長至薄遊丹陽○訪黃堂丹井之蹟○邂逅群彥○究論天人○抉滯

辨疑○復成篇幅以其反覆雖多○終不越五歌之旨○故仍謂之天元餘義云爾○

杜陵中陽子筆

龍法三格辨

龍者借名○非真龍也○亦曰天地之氣而已矣○氣乃純陽○龍亦純陽之物○以其相類○故借名也○龍善變化○能大能小○能屈能伸能隱能現○能飛能潛○謂地曰龍者○亦以地氣之變化似之○世人論龍○概舉一法○不知地

之為氣本一○而氣之發用多端○余特疏其名而定為三格○一曰高山之龍○二曰平岡之龍○三曰平原之龍○高山千里來龍○分幹分枝連屬不斷○觀其節節槎枒重重甲茁○有本有末○與木之根幹枝條無異○雖屈曲輪囷強弱巨細之不同○總從大幹中抽引而出○地脉剝換○數起數伏○斷而復斷○無處不連○滄海蓬萊○殊方異域之山○未有不與崑崙天柱通根立命者○蓋禀天地陽剛之

性歷萬變而質不撓其自大而細也千仞之山束成一縷之脉其自細而大也一縷之脉復化為千仞之山葢其為體隱現在骨雖穿江渡海而地底石骨自在重泉之下其氣自上而下自沉而浮此乃地脉真精髓液固結膠注如珠如玉寶氣流形粪者穴之骨與骨接髓與髓沾此其為用惟宜索脉索脉之道微而實顯縱變化微渺必起穴星譬之於木脉者枝幹而穴則花

房果蒂也譬之人身脉者其骨而穴則骨將盡際其節隆然者也雖散落平披之中（此是真龍大地也）萬里遙空四畔無輔而一起星辰接連真（結之穴百不得一非法眼不能識也）脉皆作山龍而論葬法或石或土以求真穴追琢自然天巧人工思議都絕此一格也平岡者高山之餘筋膜膚肉逶迤而下以入於田原者也其重崗之中頓起星辰有脉可尋有穴可求者乃山龍之脫卸變現原屬山龍不作平岡而論專言平岡者

家秘本

謂其龍不顯脈穴不起星者是雖近在山坡之下尋丈之遙觀其地勢似乎有所自來而既不起星只名平岡此不得以來龍接脈星體立穴之道求之俗所謂高一尺為山低一尺為水至此乃可入用蓋合山水相兼作法以低處作水界定高處土膚之氣論局立穴純借外氣乘元用事此其立穴必有砂角攢簇水城環繞勢夷而特形散而專必待旺氣元中乃能發福葬法

鑿地容棺○深不及泉○此一格也○平原龍者○既無山脉○亦無高岡○地局至此○雖有高低○不名起伏○雖有袤延○不名過峽○一切來龍○格○○○○○○○○○○○○○○○○○○法結穴星辰○總非所論○而其體其用專在○○○於水○或取江湖○或取溪澗○或取池沼或取溝洫○涓滴流澌○情同巨浸○人工所鑿○力比天成○水行○即是龍行○水轉○即是龍轉○水分○即是龍分○水止○即是龍止○蓋大地陽和與○天一○真精○陰陽交合○孳尾孕育○內外招○○○○○○○○○○○○○○

家秘本

攝剛柔相涵此坎離代乾坤之妙用不可以名言者也其為地也必秉元運旺氣而發應速而力大其龍名水龍穴名水穴譬之人身山穴其骨而水穴其血此陰中之陽變動無方葬法不辨土色不穿深礦培土立穴陽精上浮此一格也凡此三格所在有之莫謂山國論山水國論水因乎風土也百粤深山邃谷以至中州漠北平原曠野之地莫不有用水之法惟高山之穴

不論水。故楊公曰、山上龍神不下水。水裏龍神不止山。其義如此。而解者剌謬流傳既久。本旨不彰。予藉師授。特為世人剖明之耳。山穴雖不取水。然或水大於山。有時亦為水神所制。必待水局旺元而發。平岡之用水。則與平原無異。由此言之。山一龍法也。水一龍法也。雖名三格。實二法而止耳。不辨此二者。而概名曰龍。恐於龍之為義。未有當也。

家秘本

陽宅三格辨

人生禍福之數。陰宅居其半。陽宅居其半。若陰宅不沾凶氣。一遇陽宅吉祥。輙致顯榮。若住基正屬衰危。縱有佳扞。亦難發達。陽宅之不可不重如此。予為辨之。亦有三格。一曰井邑之宅。二曰曠野之宅。三曰山谷之宅。井邑之宅。或居城郭。或居市廛。萬井爨烟。重闉比戶。地脉朝向。大畧相同。而考其吉凶。判然各別。此其為用。街巷道路。

為先方隅風門為要而水局次之蓋車馬人跡咽咽闐闐響振塵飛無非動氣此其噓枯吹生鼓逼影激不同岑寂之鄉若更獨得水局舟榜交横尤為出格之宅得其元者百萬驟至卿相立躋蓋此宅也曠野之宅以水為主而風門方隅次之道路又次之若大江大河則其應亦大小溝小澗則其應亦小此與平原局法體格合一而微有細大之殊各擅一方氣鍾於特若元

家秘本

三宗一室獨狀坎巽者是蔣公詩云此中便是神仙宅不識人間晉魏年

運綿長奕世承祧子姓不替蓋此宅也山谷之宅以風為主而餘皆次之蓋其風摩空而下障之者萬尋而漏之者千仞萬竅怒號排山拔木其吹祥也發不旋踵其吹咎也殄無遺跡非真得元龍之氣我不敢居也嗚呼安得三元不替之深山窟宅而世其麻乎鷄犬桑麻與世迥絕擬於仙都蓋此宅也凡此三宅皆擇堂氣開舒水泉平衍之地而築之而不關龍脉之結聚世

人謂龍脉結成陽宅○此說非也○即大而郡邑○更大而京師○亦擅氣局非關龍脉○其所謂聚○勢聚而已○豈有金針玉線○纏綿絡繹而入我之戶牖哉○蓋山龍之氣○一縷靈光○如花房含露○香味細滑○但與人之骨體相沾○不堪遍灑於階堂門闥○凡陽宅之所收者○外氣而已○山川風物○挹攬光華○雲奔電轉○其作用在土泉之表○非求之地絡之陰○至於翻卦遊年○此占年之小數○非定宅之

正經。苟知楊公真八宅之旨。則概可畧也。此皆昔人未發之義。予特為辨晰。以告世之工於相宅者。

覆舊墳辨

語云、前事之轂。後事之續也。前車之覆。後車之鑒也。故學地理者。莫要於覆舊坟矣。得一義焉。授一法焉。合之舊墓無有不驗。而後可據以為實。或其說雖是。而與舊墓吉凶不合。中必有誤。當再加考訂而後去取決焉。予弱冠失恃。先大父授以青烏之書數十萬言。靡不成誦。又遍交時師。於當世地理之說。既詳聞之矣。乃以授之舊家名墓。往往不合。遂思棄去前說。別求名師。後得無極真傳。又以所傳印之古先名墓。帝王陵寢。以至民間休咎之應。探踪尋跡。必稽其實。如是者又十餘年。而後信其秋毫不爽。於是縱觀天壤。始有逢原之樂。予之得力於覆舊也如是。然須先得真傳。而後覆舊則絲絲不亂直入正宗不得真傳而泛言覆舊反致以是為非以非為是病根膠葛永不可拔蓋舊蹟之應驗無差而肉眼之品題多妄或其家本發於舊墓而反指點為新扦或本發於新扦而反指點為舊墓遲速不齊世代相涵此一誤也或其家本從陽基而發不知者歸功於陰地或本從陰地而發不知者又歸功於陽宅二宅分途測應顛倒此一誤也更有一塚

之中。或主穴發福。而人反取乎祔葬。或祔葬發福。而人反取乎主穴。丈尺之內。大奇遲進。又一誤也。更有其地本屬平岡。而以高山之結穴目之。或其地本屬水龍。而以平岡之作法目之。穴法不明。經緯紊亂。又一誤也。更有真龍正結。已為舊家所得。而下穴之人。概非大匠。即遇名賢。而吝惜天寶。不肯盡法。或沾餘氣。而福力輕微。或揀旁枝而房分偏駁。天然真穴。藏而不露。後人罔知○以為地止此耳○執此論龍○龍法不盡○執此論穴○穴法并乘○又一誤也○更有其地本從龍穴而應○世人謬題為其砂其水○或其地本從水法而應○世人謬題為其龍其星○即如陽宅亦有數端○或門路風關一時驟起○而論者妄揣其來龍○或修方外氣符合元神○而論者偏裝其卦○例凡此之類○萬路千岐○一瞽能眩百明○一聾能塞百聰○術士矢口訛○傳主家畫為定論○雷同附和○

堅不可攻。甚而繪其圖像。鐫諸棗梨。後世按籍而求。凛然著蔡。不知其淵源已失實也。雖有智者。孰克從而較正之哉。相與沿襲舊聞而已。一旦遇高識之士。指點眞機。訂其訛謬。反詫為異說。姍笑及之。於是覆舊一條大路。湮沒邪蹊狗竇之中。莫可救正矣。至於古來陵墓。雖班班可考。而世數遼遠。眞蹟茫然。狃於世人傳述之言。百無一實。必須自出手眼。剪荊棘而露眞踪。挽迷津而歸正道然後前人之面目方顯後學之眼界始開余所為慎言覆舊反覆復咨嗟其意在此若不得真正心傳不具絶倫識見而汲汲引舊蹟為証將不啟其明反導其暗我慮其愈覆而愈誤也哀哉

真穴辨

平原有平原之真穴山龍有山龍之真穴皆真穴也而其用則異平原之真穴不接龍脉不問穴星不辨土色非因天造乃出

人工。此等穴宜合者甚多。因其既發饒誇以為得眞穴。而其所以然之故。卒不可得而知也。此非真得楊公真正口傳心印者。未許目擊而心契也。其為穴也。一丘之內。自別榮枯。今昔之殊。頓移衰旺。雖有一定之。踪嘗隨氣運而轉。有外相而無內相。外氣即是內氣。山龍之真穴。全在內氣。有外相。有內相。識者必先因外相。審其內相。外相與內相吻合。抃之不失。或外相與內相稍稍不合○加減就之○所去不過丈尺之遙○要之內相生成○尺寸不移○石穴第一○太極次之○眞土又次之○石穴非頑石○必有龍口挑棺之石○有似琢成○正可容棺○穴為眞穴○向即眞向○太極者○土穴也○非謂紅黃青白便屬眞土○須此圈之內○土色靈巧○全與此山不同○重重包裹○濃淡淺深○璀璨奪目○太極即眞土也○而更立真土穴者○同為眞土○特少圈暈○氣稍散誕故也○惟眞石眞土二者

是真穴証佐。如無此証佐。即非真穴。凡予生平所下山龍之穴。未有不得此而泛指為真穴者。此等佳穴。今人非不知之。非不羨之。而百無一遇。只緣不知外相耳。不知外相。皆因不善審脉。不曉星體耳。既不審脉。不曉星體。而孟浪開鑿。從何憶中是求玄珠於赤水。得之者恒少也。嗚呼。種德之英。不屢見。大地之寶。不世出。其湮沒也宜哉。予體大造無私之心。感吾師授受之旨。

家秘本

不忍盡秘。耶為辨出。以待後賢。亦大道為公之極處耳。世之論穴者。不啻千萬。言我謂總無真。訣最悖理者。喝形點穴一家。曰龍形下龍頷、虎形下王字、象形下鼻、竈形下息心、蛇形下七寸、鳳形下翼、或下啣珠、獅子下戲毬、蜘蛛下網心、人形下臍陰、獸形下糞門、黃蛇聽蛤、其情在耳、雁落平沙、其情在蘆、織女拋梭、動在兩乳、仙人獻掌、穴在掌心、刀劔形其用在靶、弓弩形其發在機、響器以吸處出聲、圭瓚以執手為用、粧臺必有粉盒、棋盤須點將軍、蘆鞭要識落花、蓮葉宜看側露、梧桐葉上偏生子、楊柳枝頭出正心。蛇行有毒、犬性必狂、蜈蚣貴有蜒蚰、猛虎宜見肉案、如此之類○不勝枚舉○嗚呼○彼直以為有其名○即真有其物矣○不知天地開闢○即有山川○人與萬物○俱在其後○至於一切器物○五帝三王○隨時制造○彼山川者○又安知千萬世後○將有此器○而先肖其形以待之哉。據此論穴。亦愚甚矣。予觀青田先生作記。亦用喝形。此則眼中看定真穴。而無從顯言。故托物寄情。緣形寓巧。使後人循文會意。彷彿遇之爾。豈青田者而沾沾喝形為哉。又有種種證穴之法、曰明堂證穴、曰龍虎證穴、曰水城證穴、曰案山證穴、曰曜星證穴、曰鬼樂證穴、曰天心十道證穴、或以案山之高下定穴之高下、或以過峽之浮沉定穴之浮沉、或以龍從左來穴居右、或以龍從右來穴居左、皆不知眞穴消息○舍本尋末○棄主就賓○暗中摸索有眼盲人而已○似是而非○莫此為甚○又有以五星定穴者、曰金星宜開口、土星宜掛角、木星宜揪皮、宜節苞、火星宜剪火、水星宜求泡、差為近之○而執定五星總非眞旨○又世傳楊公十二倒杖、故云既知倒杖之法、方知卦例之非、夫卦例豈為山龍之用○而牽合至此○眞未夢見○意楊公亦偶然攜杖登山隨機指點後人神其說以為穴法在杖爾豈真在杖哉且立穴止有一法何假十二至於一法之用千變不窮又豈十二之所得盡哉更有窩鉗乳突四穴論結穴之理實不外是而四者不可分言蓋有乳突而後有窩鉗則真窩鉗也無乳突而但云窩鉗其窩鉗未可輕用也且窩鉗有假而乳突亦有假辨真假者非真傳法眼不能也更有蓋粘倚撞四法夫粘撞似矣

而葢與倚何為也哉○倚猶可言也○葢則必不可用也○無論氣從下過即其穴形必且高而露矣○或曰大龍斂脊而來○入穴不再起星開礦下穴有似乎葢○不知此原屬撞法○不可謂之葢也○若其裁制之法○有曰乗金相水○穴土印木而論者從而析之○水曰金魚、曰蝦鬚、曰蟹眼、砂曰蟬翼、曰牛角、此其取義極為精微、故又曰若還剖破太極暈、蟻水便侵棺、是專以微茫界水為定穴準繩也我謂金魚蟬翼等喻只是相水作○用而於乘金穴土印木三者概乎未詳也○夫必先乘金○而後相水穴土印木次第可舉○安得斤斤以小界水為第一義也○且微茫之水○豈盡本來面目哉○山形自開闢以來○不知幾經滄桑耕犂樵劚人跡獸蹄無日不隨高溼卑移乾換濕而乃欲據此以定穴○鮮有不誤者皆由學者不知大本大原○真情真體○見識不的○而用意太深傳授不

家秘本

明○而聰明過巧○故好以影響爲逼眞○恍惚爲微妙也○眞知穴法者○一見洞然○如明鑑照物○不待旁求○無煩苦索○不過曰龍脉眞○星體確○浮沉吞吐○前後左右之間○求取眞穴而已○既得眞穴○有界水亦得○無界水亦得○有蔭砂亦可○無蔭砂亦可○蓋山形之顯著者○古今不移○而土膚之隱微者○水草易變○不敢舍所可見○而信其所不可知也○有爲至精之論者○曰草中之蛇○灰中之線○雲

中之雁盞中之酥予嘗有味乎其言蓋別有一種脫落變幻之穴骨氣消融殆盡散落平夷渺不可測則用此眼法求之無中生有虛中取實正把捉之法非虛渺之談也若非此能格然無所用之豈謂凡下穴者盡舍其昭昭而索之冥冥哉世人所指太極乃外象之太極我所論則內象之太極苟不剖破何以容穴若不得真穴雖不剖破蟻水難免既得真穴矣剖破正所以

接脈接脈正所以避水蟻又安從侵棺耶我謂古人設此諸論本欲世人同規折矩因此悟審穴之法爾不意一法立而一弊生焉解縛之法反成增縛之法故直欲掃除一切名相之談单提直指不憚漏泄天機犯造物之大忌未審名眼之人能廓然共見否耶夫穴或在高岩之頂或臨清冷之淵或絕壁懸崕俯視無底或单身隻立曠野無依孤露却勝深藏遠朝貴於近案

家秘本

大地從來多近水眞龍不怕八風搖胎元既完何須龍虎真息聚處奚假明堂至寶常在路傍無人能識盛德不修文貌何處搜求我為指出亦有三法一曰孕育之穴二曰迎接之穴三曰邀奪之穴孕育之穴結聚之穴也或腰結或大盡真龍特出變化方成有奇脈有正星不是石函須見太極此穴至美而以世目相之麤見醜拙故最不易識葬之者大而聖賢仙佛王侯將

相○次亦矣世簪纓○苟非世積陰功○忠孝節義之家○不輕指點○此穴中第一格也○迎接之穴○不必真結○而亦此山旺氣變動發生之機也○或起息肉○或掛流神○扦之之法○迎其旺氣○接其生機○故曰迎接○不見石函○亦無太極○只要真土潤澤堅凝○便為消息○大者亦致公卿○次之富貴蓄息○斟之酌之○亦真穴也○邀奪之穴○龍身之穴也○真龍方行未止○而龍脊之上○勢若三停○穴星呈露○後

見其來前不厭去則立騎龍之穴或轉關之處真峽之旁節苞萌芽穴星忽現龍身自去此穴自留則立斬關之穴凡此二穴隨其龍身之貴稱量而發亦出將相而世代不能悠遠斟之酌之亦真穴也夫世人所以昧於尋龍者因其不知龍格之不一而槩曰真龍於是真龍之理反溷我為辨平岡平原之異於山龍使尋龍者不溷而各得其理也世人所以昧於穴法者因其

不知穴法之不一。而槩曰真穴。於是真穴之情反涸。我為辨迎接邀奪之異於孕育。使求穴者不涸而各得其情也。斯予不得已之心也。要之格雖有三。而其法本一。故曰得其一。萬事畢。穴法之謂也。

天元餘義終

家秘本

三元二十四山八卦不出卦圖

三元輪轉風水乘旺口訣四章

無極眞人雲陽君祖師口授中陽子

大鴻蔣公

上元龍法是如何○九妹灣環抱一哥○更有八郎朝二母○東隣鎮日看西湖○

一白元中○用離水納坎氣○故曰九妹灣環抱一哥○蓋坎乃上元之統龍○用艮水納坤氣○故曰八郎朝二母○用兌水納震氣○故曰東隣鎮日看西湖○

家秘本

三元九宮宗洛書圖

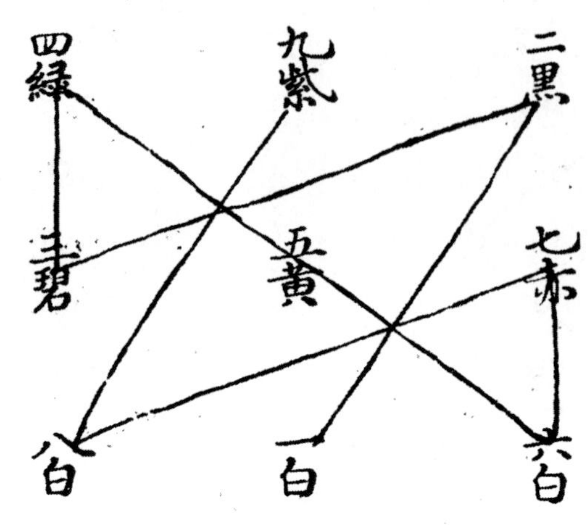

即今與汝中元法○二八來朝生意發○要知四六兩頭關○五即從此投胎着○

中元甲子○用坤艮幹水發出小枝○此語無訣無人會意○非巽即乾○乾水可納巽氣○巽水可納乾氣○故曰二八來朝生意發○用乾巽兩水納五黃中宮氣○故曰四六兩頭關○五即從此投胎着○從此發生○鼎峙於中宮○

下元何處覓佳音○子位空空摠午神○老母

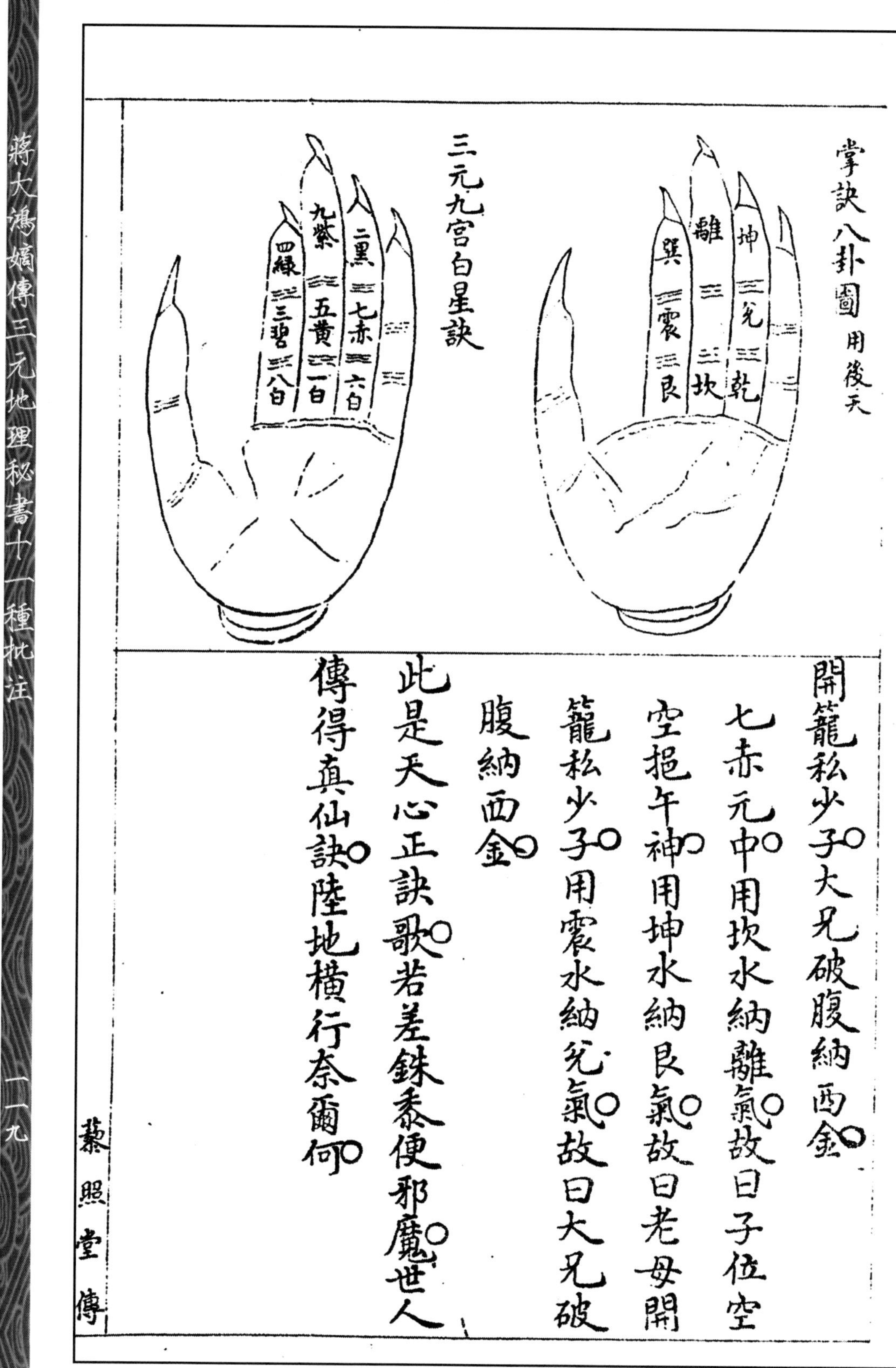

開籠私少子大兄破腹納西金○

七赤元中用坎水納離氣○故曰子位空空扡午神○用坤水納艮氣○故曰老母開籠私少子○用震水納兌氣○故曰大兄破腹納西金○

此是天心正訣歌○若差銖黍便邪魔○世人傳得真仙訣○陸地橫行奈爾何○

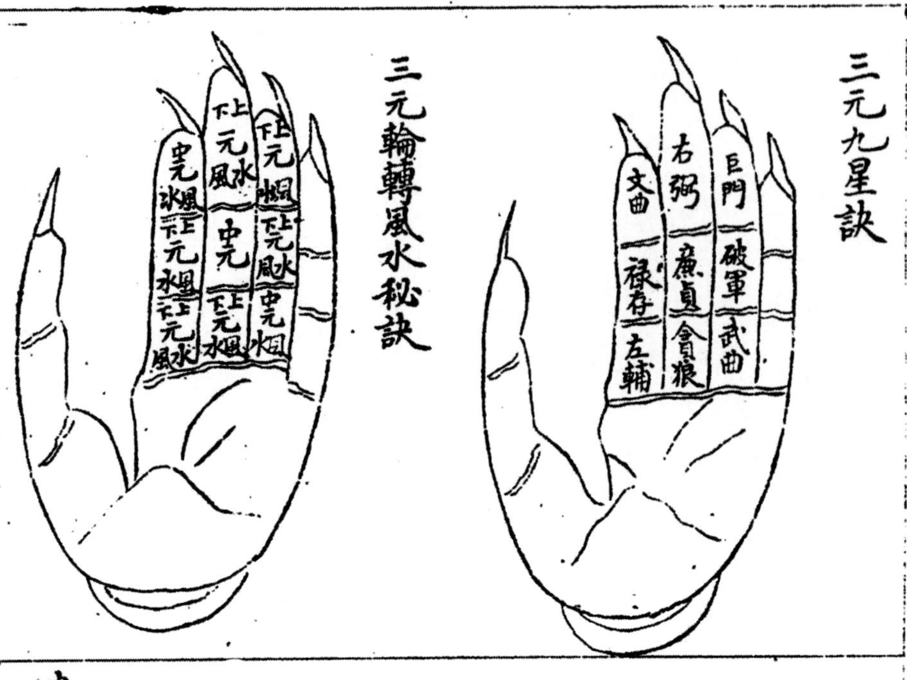

掌訣口訣終

家秘本

八極神樞

祖師

言八極之廣黄靈化機宰於此樞也

一曰[illegible]直

言來脉不雜也曲直一字節節本宮

微侵旁枝如姦雄在側窺伺神器

二曰專一

言來脉不分也一派朝宗會歸我穴

中道漏洩如盜臣司會國計虛空

右二極首明擇地之本體

三曰深窩

言養蔭不枯也深則注氣蓄則養胎太淺太細如瘠田播穀豐年薄登

四曰端平

言形局不欹也外堂是龍體內堂是穴星左右後托是為三垣畧無傾斜扯拽反背之形方欲如平几員欲如半月玉鈎如太極方成星體稍不足名曰薄蝕稍有餘名曰彗孛皆凶曜

也。

右二極亦言擇地之本體。而兼作法之形象。

四極補遺

亦有一種單提側受。傍左立穴。以受右之清真氣。傍右立穴以受左之清真氣輪着元運。亦能大發。葢以清真之氣為正。而不以形局為正。接局雖偏。坐向四周皆正。即端平矣。若立穴傾仄凶不可言。

五曰會聚

言。收。氣。不。渙。也。外來之氣不散。到我近身。須。有。一。口。吸。入。我。腹。然。後。成。胎。不然不結。是為走馬穴。不能發福。

六曰環衛

言。穴。氣。須。固。也。即受来氣而成胎。立穴。坐。無。後。蔭。則。天。柱。空。壽。星。抑。左。右。無。界。抱。則。輔。弼。孤。福。星。陷。

七曰（甲申）

言。立。穴。適。宜。也。地形大者。立穴不可太寬。太寬。則與脉不沾而氣全脫矣。此名死穴。地形小者。立穴不可太迫。太迫。則餘情不展而氣反鬱矣。此名囚穴。亦有接脉之局。諸穴不發。而獨發水底一穴者。蓋精華所注。非常格也。

八曰（卯申）

言。穴。外。無。累。也。四周貴平坦。遠。不。可。
有。城垣廢址。屋宇橋梁。墩阜高崗。障
蔽清陽之氣。此名壓胎。近。不。可。有。雜
亂陂塘池井照見。方凶奪氣。形醜添
煞。此名觸胎。天。柱。輔。弼。上。不。可。有。横
拖直撞斜牵反背坵瀆溝澗。衝破泄
氣。此名漏胎。皆主大凶。
右四極皆言作法。致廣大而盡精微之
理。

蔣氏曰、此黃輿建極之神符。青囊傳心之奧旨。無極道祖。演此靈文。以授於予。遠溯管郭。中歷楊曾。近稽劉賴。範圍不過。左右逢源。後人得此書者。神而明之。造化在手。是以藏諸金匱。勿示匪人。有輕洩者。殃及其身。以及子孫。真枕中之秘。寶之寶之。

八極神樞 終

家秘本

陰龍

陽龍

枕中記

無極真人雲陽君冷仙授

中陽子蔣平階大鴻氏述

山龍

凡看山龍務尋出脉處辨陰陽方可審穴一龍特出收放頓跌將至大結星體呈現或土或金氈褥鋪墊左右護夾交鎖雙關前朝如揖後衛如送莫問何龍總名曰陰洋洋平出霞布雲蒸到頭歇脚龍迴虎抱

家秘本

天穴

內葬穴

中間一片平坦寬和或砂或水界割分明
我穴其中萬象皆備莫問何龍總名曰陽
此二脉者凡山皆有其或不合頑土鈍石
不可穴也亦有山形如圈之員尾抱其首
成一太極內氣沖和堂局深隱穴彼極中
峯巒肆應此名內葬如或少肉此山無穴
又有小山藏大山中根荄隱隱氣象安安
我穴其巔是名天穴如或孤露此山無穴
穴法多端正變不一古人陳迹我難具說

此段總論山龍形勢

姑舉其要。龍有秀麗。龍有麄雄。龍有端平。龍有傾仄。龍有昂藏。龍有搨弱。龍有委蛇。龍有直强。龍有柔順。龍有拘劣。龍有光明。龍有暗昧。龍有深藏。龍有淺露。龍有生動。龍有枯寂。龍有嚴重。龍有輕佻。龍有展舒。龍有逼窄。龍有遒緊。龍有拖沓。龍有關鎖。龍有殘缺。龍有便利。龍有澁縮。龍有中抽。龍有旁跌。如是所說。須以意會。不可執一。登山涉水。忽然有得。地理之學。庶可傳也。

此言俗術之謬

此言今人豈遂不及

家秘本

古書充棟半屬偽造方術之家以訛傳訛亥豕陶陰誰克訂正互相鑿柄自為牴牾風水真機毫無干涉世家大族用其說者十有九敗或以冷退或以凶終今之州縣廢址壞基烟消火滅大半此輩庸術誤人書害之也章句之家師傳父授幼聞習見其於大意猶不能領畧夫術士僅識字樣謹守陳言如僧誦經演文而已烏知其義弘農青田豈伊異人心心相授高視濶步

古人

一起先分次序下乃逐一分疏

元運

山川變態今猶古也登高而望派脈縱横何不可知天星卦例繁文彌引累百千言究何益乎故於一切皆削除之

平龍

凡看平陽先尋來道水道既得縱觀外勢外勢既得詳觀面形內形既得再察地盤地盤合局始審向運元運維何九宮輪轉分方遁旺南離西兌東北艮位三方水抱名為元上始乾門巽戶二方水遶中黃中得氣

龍腹

龍頭

此言三吉全備大地

单局单取一吉謂之平龍非打失元之平

北坎東震西南坤地三方水聚是惟元下會

其用水也有龍有頭穴腹之法一字橫平

中間微宕如月方半如弓上弦流星洩尾

視星之止頭此名垂乳又號啣珠如是水法

源遠流長不割不漏包裹疊疊界抱層層

三吉之方更有靜照風流閒雅美麗端凝

此等大地貴盛無比百中難一不可妄希

必欲求全反招鬼忌单局清純亦可以已

是曰平龍至為要妙曾見小儒乍聞精義

家秘本

龍也
此段說述
焉而不精
語焉而不
詳者之失

此段說異
端害人

未曉變通○按圖取局○活剝生吞○量尺步寸○
拘牽束縛○不知大象○衝撞走飛○吉為凶奪○
侵邊氣薄○掛角情危○後坐欹斜○前朝破碎○
形容拗劣○輔弼垂張○行止精神○輕佻蕭索○
如是所作○誤人非細○外有邪魔○平地尋龍○
彷彿依稀○指為來脈○巽辛亥艮○文以美名○
愚夫酷信○牢不可穿○滅子亡孫○悲刑吊黍○
其於水法○長生起算○龍身山向○莫知所準○
形局不端○渙散無紀○六煞三形○罔不具備○

此段說不識平原之龍者之害

亦有平原枝脚紛紜山脉無異剥換脱卸真地乃結庸師瞎摸龍身取裁剛暴猛勇支離臃腫牽連拖沓偃蹇澁縮此中作穴奇凶異禍如是種種我皆目擊故廣仙傳凡以云救聰慧之子舉一反三博學多聞師古師今但行所信莫蹈所疑為人種福奚殊自種

按平通乃枝幹相乘之道也猶山龍行度不取老而取嫩也此法自古無人精

家叔本

破。今為指出一開生手。

外勢。左。右。前。後。四勢也。必。須。迴。環。遶。抱。

而。後。成。地。若有一處反背非是。

內形。謂。星。體。也。方土圓金始堪入用。水

星次之。木火大忌。

迴盤。平洋穴法。兩邊後座。俱宜平夷。惟

對宮宜高。如蛾眉。如玉帶大砂。若反張。

是謂臣奴叛主。

頭腹。山龍有初落中落終落三穴法。初

家秘本

為尾中為身○終為首○惟水亦然○入口處為尾○曲折處為身○止息處為首○此三處惟○身○首○可○用○茫茫庸術○只知就水口立穴○而反置頭腹於不問○此如食肉者舍其肥甘而寶其枯瘠○亦不知味之甚者矣○身首二穴○首之○取效尤速○利○救貧欲久○遠○須○葬○腹○為○上○策○

旋遶逶迤○流星止處○其頭特大○有○垂○乳唧○珠○之○象○水○之○盡○處○必○如○是○乃○可○立○穴○

若竿頭鼠尾則索然無氣矣既不成星焉可立穴須人工其代之

反倒反漏此分二義水能正行未歇忽有一枝旁穿猶人懷寶行至中途卻被強人截去此之謂割若行行且止不免有殘缺處譬如庫藏中物有人盜去此之謂漏如無二病方可謂息道

單向乃三吉中但遇一吉即用若力量宏大者即財丁兩旺之地天道忌盈慎

家秘本

勿求全○戒之慎之○

衝○乃當面直来之水○撞○兩宮直来○走○去而無情之水○飛○止而無情之水○刑○斷頭砂類○飽○尖頭砂類○此平龍六病也○若當○面○来○而○曲○者○曰○朝○兩○旁○来○而○曲○者○為○抱○去○而○勾○留○者○曰○顧○家○止○而○委○婉○者○曰○纏○繞○如此○則無刑煞之患○而享冲和之正象矣○

以上字○字○血○脉○天玉經三傳隱而未

發者〇大半於斯矣〇學者當合參之〇

枕中記終

家秘本

醒心篇

杜陵中陽子蔣平階大鴻氏著

世間萬事半荒唐。風水利害不可當。上自王侯及卿相。下至温飽與小康。定有墳塋或住宅。獨沾旺氣不尋常。孝子慈孫能信此。為親安骨保蒸嘗。日日尋師求吉地。不知真假反遭殃。

此事天機秘不泄。先賢那敢信口說。天玉青囊盡啞謎。後人錯解非真訣。更有堪輿種種書。時師慣掉懸河舌。豈知書假理不真。誤殺自家親骨血。有等聰明伶俐人。翻盡經書覆盡穴。病入膏肓無處醫。縱然弄巧還成拙。

我失慈親在早年。誤依僞訣地三遷。一朝忽受真師秘。悟到庖羲一畫前。大地山河如指掌。聖賢心法一絲連。因憫世人都夢魘。翻然作此醒心篇。文雖鄙俗情真切。有福英豪聽我言。

人人盡說山龍好○識得山龍未是寶○只識來龍未識穴○精華不聚終枯槁○況且行龍有真假○正偏向背多顛倒○莫貪大地好巒頭○骨化為塵宗祀少○

勸君切莫葬深山○山深○幹老○性粗頑○四圍障蔽○陽和少○穴裏無風○氣脈寒○必待開洋數○十○頃○天然○嫩○脈掛○其間○此龍絕似閨中女○辨不分明亦枉然○

勸君切莫葬高頂○四○面○風○搖○吹○骨冷○妄言

空窩山脚平坡皆坐無真頂之病天元歌龍不起頂非真龍穴不起頂非真穴二語真看山之要訣也

有石脉總是有真脉

天穴取天清○總是捕風兼捉影○
勸君切莫葬空窩○山勢彎環圍抱多○只說無風藏氣暖○豈知積水穴生波○
勸君切莫葬山脚○雖有來形非結作○斜飛硬住總為砂○花假星辰情味薄○
勸君切莫葬平坡○坦平一片如氊鋪○縱有微微浪痕起○風搏水瀉奈愁何○
勸君切莫葬墩阜○遠山高地牽連就○真脉不○來○空○作○堆○無○骨○無○筋○淨○土○覆○浪說穿田

渡水來。謾誇馬跡蛛絲透。盞酥雲鴈巧稱名。著眼之時總虛謬。

亦有名扦坐正墩。應知石脈石羅紋。此是真龍生變化。不然有水抱其身。水纏便作平洋論。不問來崗腦與唇。

葬山諸病分明說。還向君家漏真訣。但尋來脈看生成。也有原形無破缺。盧鞭倒地木之形。穿珠落地是金星。土宿玉屏皆美穴。此為上格產豪英。

或有流神疊疊来雖無星體亦成胎凝膏

接液栽培的葬後應須出俊才

貫頂無踪脉未真半山浪湧土生紋穴藏

息肉雙肩孕不怕伶仃不怕貧

葬山三格誰人識只看本身休看客遠朝

近案莫貪求虎缺龍虧何用惜只怕低空

穴裏風外面風吹總非賊

直来直接脉加粘正形正坐四肢寬若下

偏斜兼側勢頂棺無氣一肩寒雖然地好

終難發且使丁財兩不安請君遍覆山頭穴那個佳城穴坐偏更有石龍并石穴乃是幹龍真大結世人何德可承擔高著雙眸慢慢說

以上專論山龍自此以下皆言平洋

十山不及一平洋江北江南富貴鄉我見世家諸祖墓大都平地少山崗即今語汝平洋訣莫看來龍求過峽田塍土阜戒追尋後托前朝俱抹殺只將水脉作龍看大

幹○小○枝○須○辨○確○水○若○行○時○龍○亦○行○水○若○歇○
時○龍○亦○歇○
第一莫下大水際○雖有灣環氣不住○另○須○
小○水○界○其○身○一○派○汪○洋○皆○翕○聚○
第二莫下衆水門○人言諸水聚天心○數道○
分○流○脉○渙○散○風○飄○水○蕩○絕○兒○孫○
第三莫下朝水角○水○來○水○去○情○如○削○雖然
橫界不蜕收○一○旦○失○元○無○救○藥若朝田角
向其尖○即○秉○旺○運○猶○消○索○今日安玟明日

啼兵刑火盜瘟癀作

此言幹水不堪扦枝水之中亦有嫌形若
尖斜成火曜近身反去損胎元

池塘湖沼真龍脉曲水朝迎卿相格一灣
一曲但有情下着蓬門換朱紱
不分前後與旁邊坐向端嚴看水沿恨殺
時師下斜穴欲朝客水遠峯巒本局歌斜
純煞氣囑君此語緊牢拴
曾楊世遠不須題佐命劉湯指點稀天授

真師號無着○单題直指泄玄機○四明處處扦名墓○三百年来盡朱戶○顯出青囊萬古心○不是時師舊家數○無人信我醒心篇○慕講禅師堪証佐○可笑紛紛學地人○睁開雙眼如看霧○何不向甬水靳江一問津○肯把真詮輕錯過○

我行荆棘也多年○錯理乾坤萬萬千○大槩癡人来說夢○相逢都是惡因緣○真人一點泥塗拔○捲霧披雲始見天○曰惘世人都夢

魘翻然作此醒心篇

醒心篇終

家秘本

辨正總論後說約

蔣子作玉尺辨偽既成。或問曰。子於是書詆謬辨之則既詳矣。子謂吉凶之理存乎地。而非方位之所得而限也。然則八幹四維十二支。舉無有吉凶之當論乎。我聞自古青烏石匱。皆論乎八干四維十二支。今子之所言。我心竊疑之。願夫子明以教我。曰非也。我之所論。正為八干四維十二支。前辨已言之矣。今子又問者。意欲我將天機盡泄耶。夫陰陽之道。始於河洛。河洛之理數。洩於先後天之卦象。先賢取八干四維十二支。分配八方。而五行兆焉。若地理舍此。則吉凶之應驗。寧不茫然而無據耶。我所據者。在乎九宮。三元輪運。取貪巨祿文廉武破輔弼。九星配之。在上元則用一、白、二、黑、三、碧、旺氣以趨迎之。中元則用四、綠、五、黃、六、白、旺氣以趨迎之。下元則用七、赤、八、白、九、紫、旺氣以趨迎之。而八干十二支隨本卦衰旺其山向之機總不出本元支干而來龍尤為要訣山地之取龍在乎高低起伏石骨行龍來脈清純如上元一白骨運須離龍自高蜿蜒而下到頭結穴立向隨地酌取總不出上元三方之旺二黑三碧亦如之以及中下兩元諸卦無不如之若平洋之地本乎山龍其理一也但所用之龍全取乎水其一氣清純不雜他宮趨旺避衰水宜坐後高宜向前全體三

元斯為要訣若陽宅朝向開門其引氣收風悉遵此論

千古不傳之秘一旦盡情剖露心切利濟群生不避神呵鬼責得此書者當藏之金匱石室永作傳家之秘寶萬勿褻玩浪洩致干天怒戒之慎之

神火精

土實氣靜空則動動則氣縱龍亦通大塊

不空氣不通通不知窮何處

自是時師眼力庸兩水便道夾真龍若是

源頭脈還差一線陰陽交戰禍來叢

陽和萬類皆為育陰慘萬彙皆破戮要知

育是神火精戮是脈寒水脫幅

世人那識神火精真火原從水裏生參透

玄空奇妙理水中火氣燄晶晶

家秘本

霖光詠

好比一輪月麗天每逢屋
隙有光穿千房有隙千
房月悟此[illegible][illegible]輝易入神

善○識○火○者○搆○其○光○上○下○四○旁○皆○有○芒○太○近○
太遠光不接○接○得○無○傷○百○物○昌○
[晶下不遠改] [霖光]
接脈下手竟如何○尺○寸○分○明○界○不○模○遜○宮○
[若滸]
合○得○真○經○緯○元○氣○氤○氳○養○太○和○

太極篇

為君尋龍說真義尺寸玄微有神異若還

辨脉不精微下手之時便心悖

堪笑時師術未工兩水便道夾真龍明師

縱曉龍為水根蒂陰陽亦尚朦

先天位有十二幅幅有陰陽共四六上貫

乎出[天]下貫泉水泉當盡處天根復

水到窮時太極明太極定處五行根水從

太極分方位猶之山脉祖崑崙

家秘本

水之盡處。乃龍之止歇處。實〻下手工夫。全在乎此。這個認得着。滿局多認着。這個認不着。滿局多失却。二十四位收龍之法。精義在此。故曰水到窮時太極明。太極定處。五行根也。

立穴先須覩太極。在乎方位須詳識。陰陽細辨莫糊塗。五行方可論生尅。誤依卦例不知龍。武貪巨輔是為宗。合盡僞書諸吉利。無如災禍日重重。

太極圖

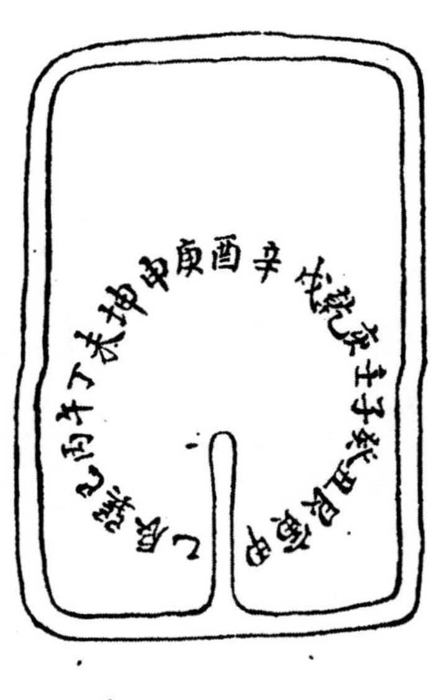

水○窮○為○太○極○太○極○分○陰○陽○五○行○二○十○四○位○乃○龍○之○二○十○四○位○非○穴○之○二○十○四○位○也○立○穴○貼○在○水○窮○處○即○以○龍○之○太○極○為○穴○之○太○極○若○穴○遠○乎○濱○底○一○丈○二○丈○則○又○以○穴○之○太○極○收○龍○頭○

平原局法

局法不同，乘氣為主，有動為生，無動為死。

平洋水遶，便是真龍，此言雖顯，微妙難通。

水界氣止，水近氣鍾，氣來動處，各各不同（各卦不同）。

近南乘坎，界北即中（後天中五雖發極是），近北離氣，乘兌挨東。

西南乘艮，東北坤通，近西乘震，忌雜寅宮（此言立向）。

東南乾氣，兌煞莫逢，乘巽西北，莫轉離風。

囫圇地氣，孰西孰東，物物太極，一氣沖融。

乘得氣者，永吉無凶，謾推卦倒，莫辨金龍。

家秘本

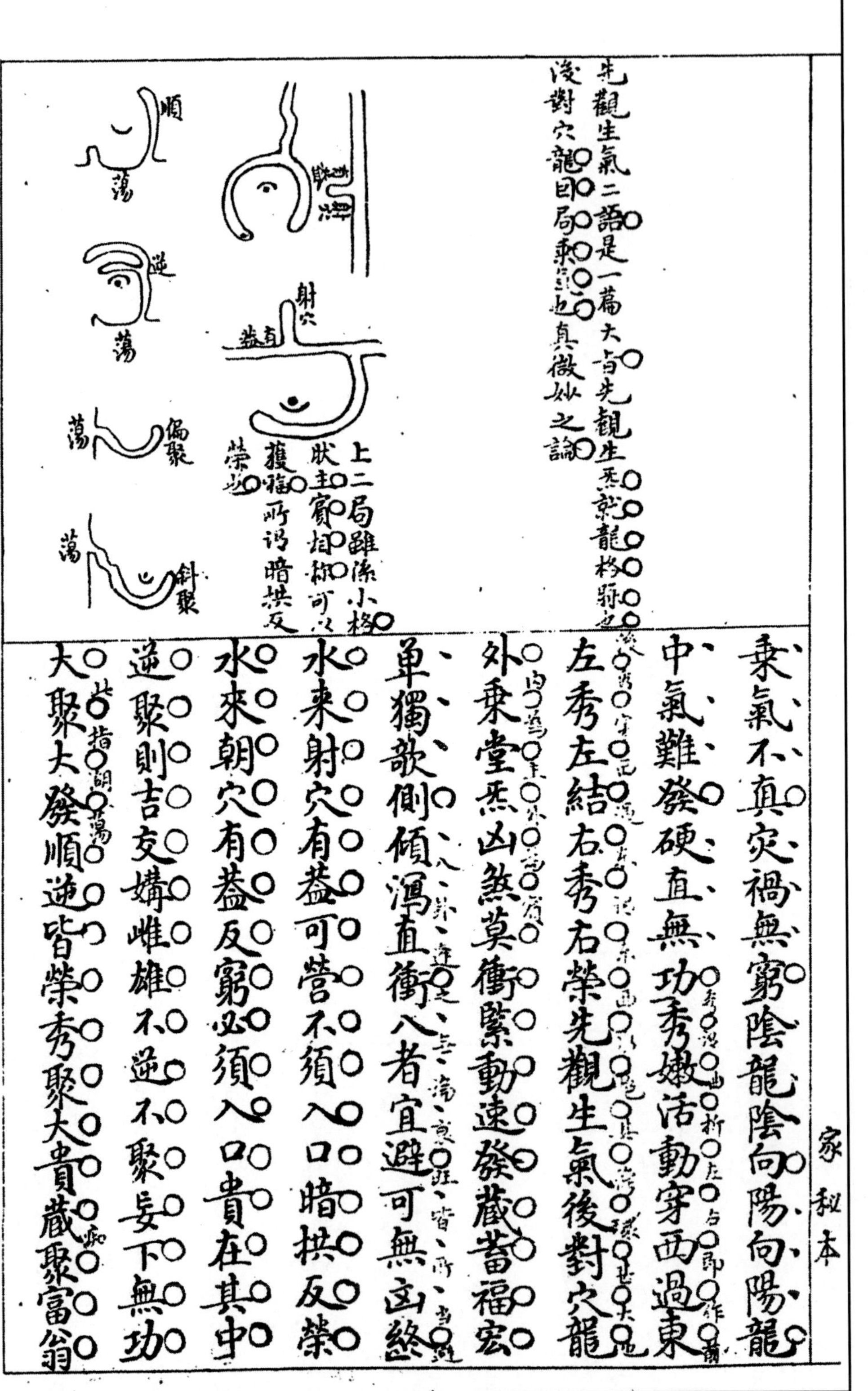

先觀生氣二語是一篇大旨先觀生炁就龍格説也後對穴龍即局乘炁説也真微妙之論

上二局雖係小格然主貴相扶可以獲福所謂暗拱反榮也

乘氣不真災禍無窮陰龍陰向陽向陽龍
中氣難發硬直無功秀嫩活動穿西過東
左秀左結右秀右榮先觀生氣後對穴龍
外乘堂炁凶煞莫衝緊動速發蓄福宏
單獨欹側傾瀉直衝入者宜避可無凶終
水來射穴有蓋可營不須入口暗拱反榮
水來朝穴有蓋反窮必須入口貴在其中
逆聚則吉交媾雌雄不逆不聚妄下無功
大聚大發順逆皆榮秀聚大貴藏聚富翁

朝穴有益

朝穴無益

曲水有益便似能引之矣而氣若別引一水為山氣穴主又無不稱所謂有益反窮也惟中元四六互為穴主可以不窮

偏聚偏發斜聚帶凶龍穴乘氣砂水玲瓏
金木水火金水為榮火木斜直水城莫逢
巨門土宿四獸之中三秀水來何者為雄
但取先到屈曲情通逆來橫遶（即朝穴無益）無意圖功
浜頭出來內雌外雄（能育者為雄不能育者為雌）內口為進外口出通
必須曲（得內水）折始得渟泓蕩然直出關閉無踪
不如月池澄然一泓無出無入旺水可容
環拱穴場人可蔭龍時師愚昧不識此中
硬談天玉妄說四龍不知乘氣眼目朦朧

留此真髓。指點神功。勿妄傳示。濫授愚蒙。

黃白二氣說

客問地理家平地立局之旨何居。蔣子曰
昔有至人。玄坐忘形。升神太虛。乍離黃壤。
未即高天。垂光俯視。萬里如掌。諸象莫睹。
惟見黃白二氣。縱橫四馳。散布瀰漫。若和
風揚砂。動而不疾者。黃氣也。經緯横施。蜿
蜒不斷。勢隆隆起。綿若匹練。聚若瑩雪。有
光耀物。外柔中堅者。白氣也。黃氣者。大塊
之土氣。白氣者。江河溪澗之水氣也。白氣

界於黃氣之中。竝行而分道。黃氣所至。遇白氣輒止。白氣為城垣。黃氣為雲烟。白氣為囊槖。黃氣為餱糧。地理家依水立局。乘止氣也。白氣為引。黃氣為隨。衆引所交。其隨則聚。故水欲其合。白氣直流。黃氣直隨。白氣蠕動。黃氣瀠洄。直隨則散。瀠洄則聚。故水欲其折。白氣一遇。黃氣一止。白氣再遇。黃氣再止。如是三四。如是五六。以至於無窮。少遇則薄。多遇愈厚。故水欲其重。白

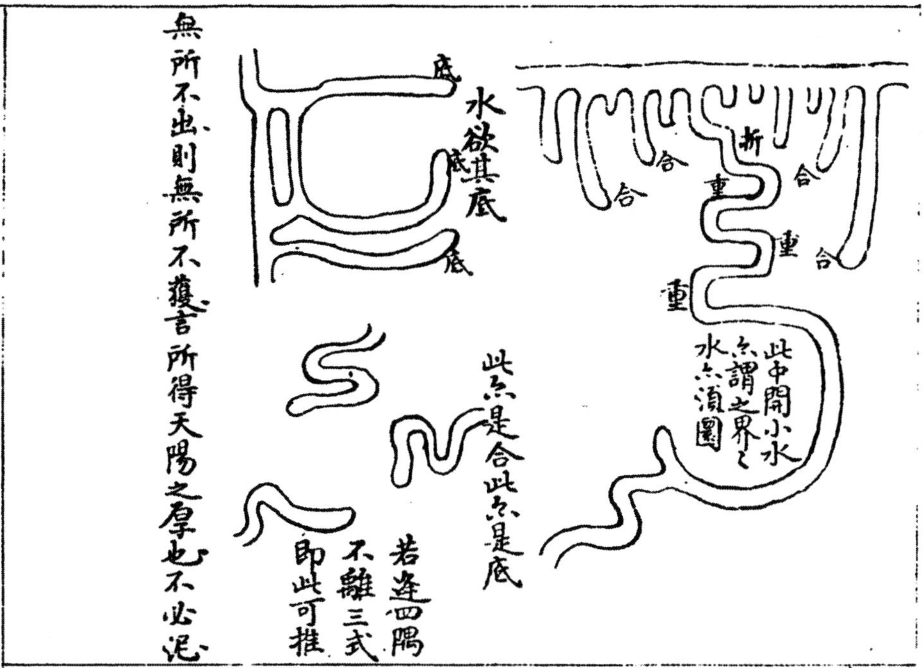

此中間小水穴謂之界界水穴須圜

水欲其底

底

底

底

合

合

合

合

折

重

重

重

此穴是合此穴是底

若逢四隅不離三式即此可推

無所不出則無所不獲言所得天陽之厚也不必泥

氣白梗。黃氣雖止。無所依戀。無所扳援。乃復左右背走。止而終散。必有枝條槎枒。氣乃得留。故水欲其界。界而平直。止而復行。故水欲其圜。我穴其圜。左右並歸。圜水旁洩。圜氣則楞。如炊漏釜。終朝失飪。故水欲其息。若水斷際。反為水源。黃氣為衆水所拘。遇斷得門。衆氣從門而出。無所不出。則無所不獲。故水欲其底。小水在南。大水在北。我雖依南。不專於南。小水在東。大水在按蔣公陽宅圖說山自為龍城只是界皆從其對待之氣並無回風反氣之說乃知此篇云云尚是蔣公未定之論否則必是葉九升改本且其上文從小水大水說來是先謂大水有反氣與圖註憒憒不復錄遍閱遺書大江大湖經統都邑來氣亦是界氣與城郭同非有反氣之可言惟高樓聳特一宮所專始有回風反氣之如學者辨之

西我雖依東不專於東親疎分情賓主分勢當知親親而等疎主主而禮賓故大江大湖之旁外氣內氣交橫於此建都立邑置宅安塋忝量均衡有不可廢非獨水也高山茂林巍居峻郭皆足以回風反氣自高及下迫黃氣之來歸橋梁街道車馬人跡之所往來亦足以振動黃氣動則引之使來靜則限之使止斯非至精孰能與於斯乎

郭虛

編號	書名	作者	說明
占筮類			
1	擲地金聲搜精秘訣	心一堂編	沈氏研易樓藏稀見易占秘鈔本
2	卜易拆字秘傳百日通	心一堂編	
3	易占陽宅六十四卦秘斷	心一堂編	火珠林占陽宅風水秘鈔本
星命類			
4	斗數宣微	【民國】王裁珊	民初最重要斗數著述之一；未刪改本
5	斗數觀測錄	【民國】王裁珊	失傳民初斗數重要著作
6	《地星會源》《斗數綱要》合刊	心一堂編	失傳的第三種飛星斗數
7	《斗數秘鈔》《紫微斗數之捷徑》合刊	心一堂編	珍稀「紫微斗數」舊鈔秘本
8	斗數演例	心一堂編	
9	紫微斗數全書（清初刻原本）	題【宋】陳希夷	斗數全書本來面目；有別於錯誤極多的坊本
10-12	鐵板神數（清刻足本）——附秘鈔密碼表	題【宋】邵雍	無錯漏原版秘鈔密碼表　首次公開！
13-15	蠢子數纏度	題【宋】邵雍	蠢子數連密碼表　打破數百年秘傳　首次公開！
16-19	皇極數	題【宋】邵雍	清鈔孤本附起例及完整密碼表　研究神數必讀！
20-21	邵夫子先天神數	題【宋】邵雍	附手鈔密碼表　研究神數必讀！
22	八刻分經定數（密碼表）	題【宋】邵雍	皇極數另一版本；附手鈔密碼表
23	新命理探原	【民國】袁樹珊	子平命理必讀教科書！
24-25	袁氏命譜	【民國】袁樹珊	
26	韋氏命學講義	【民國】韋千里	民初二大命理家南袁北韋 北韋之命理經典
27	千里命稿	【民國】韋千里	
28	精選命理約言	【民國】韋千里	
29	滴天髓闡微——附李雨田命理初學捷徑	【民國】袁樹珊、李雨田	命理經典未刪改足本
30	段氏白話命學綱要	【民國】段方	民初命理經典最淺白易懂
31	命理用神精華	【民國】王心田	學命理者之寶鏡

編號	書名	作者	備註
32	命學探驪集	【民國】張巢雲	發前人所未發 稀見民初子平命理著作
33	澹園命談	【民國】高澹園	
34	算命一讀通——鴻福齊天	【民國】不空居士、覺先居士合纂	
35	子平玄理	【民國】施惕君	
36	星命風水秘傳百日通	心一堂編	
37	命理大四字金前定	題【晉】鬼谷子王詡	源自元代算命術
38	命理斷語義理源深	心一堂編	稀見清代批命斷語及活套
39-40	文武星案	【明】陸位	失傳四百年《張果星宗》姊妹篇 千多星盤命例　研究命學必備
相術類			
41	新相人學講義	【民國】楊叔和	失傳民初白話文相術書
42	手相學淺說	【民國】黃龍	民初中西結合手相學經典
43	大清相法	心一堂編	重現失傳經典相書
44	相法易知	心一堂編	
45	相法秘傳百日通	心一堂編	
堪輿類			
46	靈城精義箋	【清】沈竹礽	沈氏玄空遺珍 玄空風水必讀
47	地理辨正抉要	【清】沈竹礽	
48	《玄空古義四種通釋》《地理疑義答問》合刊	沈瓞民	
49	《沈氏玄空吹虀室雜存》《玄空捷訣》合刊	【民國】申聽禪	
50	漢鏡齋堪輿小識	【民國】查國珍、沈瓞民	
51	堪輿一覽	【清】孫竹田	失傳已久的無常派玄空經典
52	章仲山挨星秘訣（修定版）	【清】章仲山	章仲山無常派玄空珍秘 門內秘本首次公開 沈竹礽等大師尋覓一生末得之珍本！
53	臨穴指南	【清】章仲山	
54	章仲山宅案附無常派玄空秘要	心一堂編	
55	地理辨正補	【清】朱小鶴	玄空六派蘇州派代表作
56	陽宅覺元氏新書	【清】元祝垚	簡易・有效・神驗之玄空陽宅法
57	地學鐵骨秘　附　吳師青藏命理大易數	【民國】吳師青	釋玄空廣東派地學之秘
58-61	四秘全書十二種（清刻原本）	【清】尹一勺	玄空湘楚派經典本來面目 有別於錯誤極多的坊本

62	地理辨正補註 附 元空秘旨 天元五歌 玄空精髓 心法秘訣等數種合刊	【民國】胡仲言	貫通易理、巒頭、三元、三合、天星、中醫
63	地理辨正自解	【清】李思白	公開玄空家「分率尺、工部尺、量天尺」之秘
64	許氏地理辨正釋義	【民國】許錦灝	民國易學名家黃元炳力薦
65	地理辨正天玉經內傳要訣圖解	【清】程懷榮	秘訣一語道破，圖文并茂
66	謝氏地理書	【民國】謝復	玄空體用兼備、深入淺出
67	論山水元運易理斷驗、三元氣運說附紫白訣等五種合刊	【宋】吳景鸞等	失傳古本《玄空秘旨》《紫白訣》
68	星卦奧義圖訣	【清】施安仁	
69	三元地學秘傳	【清】何文源	
70	三元玄空挨星四十八局圖說	心一堂編	三元玄空門內秘笈 清鈔孤本 過去均為必須守秘不能公開秘密 與今天流行飛星法不同
71	三元挨星秘訣仙傳	心一堂編	
72	三元地理正傳	心一堂編	
73	三元天心正運	心一堂編	
74	元空紫白陽宅秘旨	心一堂編	
75	玄空挨星秘圖 附 堪輿指迷	心一堂編	
76	姚氏地理辨正圖說 附 地理九星并挨星真訣全圖 秘傳河圖精義等數種合刊	【清】姚文田等	
77	元空法鑑批點本——附 法鑑口授訣要、秘傳玄空三鑑奧義匯鈔 合刊	【清】曾懷玉等	蓮池心法 玄空六法 門內秘鈔本首次公開
78	元空法鑑心法	【清】曾懷玉等	
79	曾懷玉增批蔣徒傳天玉經補註【新修訂版原（彩）色本】	【清】項木林、曾懷玉	
80	地理學新義	【民國】俞仁宇撰	
81	地理辨正揭隱（足本） 附連城派秘鈔口訣	【民國】王邈達	
82	趙連城傳地理秘訣附雪庵和尚字字金	【明】趙連城	揭開連城派風水之秘
83	趙連城秘傳楊公地理真訣	【明】趙連城	
84	地理法門全書	仗溪子、芝罘子	巒頭風水，內容簡核、深入淺出
85	地理方外別傳	【清】熙齋上人	巒頭形勢、「望氣」「鑑神」
86	地理輯要	【清】余鵬	集地理經典之精要
87	地理秘珍	【清】錫九氏	巒頭、三合天星，圖文並茂
88	《羅經舉要》附《附三合天機秘訣》	【清】賈長吉	清鈔孤本羅經、三合訣法圖解
89－90	嚴陵張九儀增釋地理琢玉斧巒	【清】張九儀	清初三合風水名家張九儀經典清刻原本！

編號	書名	作者	說明
91	地學形勢摘要	心一堂編	形家秘鈔珍本
92	《平洋地理入門》《巒頭圖解》合刊	【清】盧崇台	平洋水法、形家秘本
93	《鑒水極玄經》《秘授水法》合刊	【唐】司馬頭陀、【清】鮑湘襟	千古之秘，不可妄傳匪人
94	平洋地理闡秘	心一堂編	雲間三元平洋形法秘鈔珍本
95	地經圖說	【清】余九皋	形勢理氣、精繪圖文
96	司馬頭陀地鉗	【唐】司馬頭陀	流傳極稀《地鉗》
97	欽天監地理醒世切要辨論	【清】欽天監	公開清代皇室御用風水真本
三式類			
98－99	大六壬尋源二種	【清】張純照	六壬入門、占課指南
100	六壬教科六壬鑰	【民國】蔣問天	由淺入深，首尾悉備
101	壬課總訣	心一堂編	過去術家不外傳的珍稀六壬術秘鈔本
102	六壬秘斷	心一堂編	
103	大六壬類闡	心一堂編	
104	六壬秘笈——韋千里占卜講義	【民國】韋千里	六壬入門必備
105	壬學述古	【民國】曹仁麟	依法占之，「無不神驗」
106	奇門揭要	心一堂編	集「法奇門」、「術奇門」精要
107	奇門行軍要略	【清】劉文瀾	條理清晰、簡明易用
108	奇門大宗直旨	劉毗	天下孤本　首次公開
109	奇門三奇干支神應	馮繼明	虛白盧藏本《秘藏遁甲天機》
110	奇門仙機	題【漢】張子房	奇門不傳之秘　應驗如神
111	奇門心法秘纂	題【漢】韓信（淮陰侯）	
112	奇門廬中闡秘	題【三國】諸葛武侯註	
選擇類			
113－114	儀度六壬選日要訣	【清】張九儀	清初三合風水名家張九儀擇日秘傳
115	天元選擇辨正	【清】一園主人	釋蔣大鴻天元選擇法
其他類			
116	述卜筮星相學	【民國】袁樹珊	民初二大命理家南袁北韋
117－120	中國歷代卜人傳	【民國】袁樹珊	南袁之術數經典